Birgit Brandenburg

Kinder verstehen Gedichte

Herbst- und Wintergedichte

Arbeitsmaterialien für die Grundschule

Verlag an der Ruhr

Impressum

Titel:
Kinder verstehen Gedichte
Herbst- und Wintergedichte
Arbeitsmaterialien für die Grundschule

Autorin:
Birgit Brandenburg

Illustrationen:
Birgit Brandenburg, Eva Spanjardt u.a.

Druck:
Druckerei Uwe Nolte, Iserlohn

Verlag:
Verlag an der Ruhr
Alexanderstraße 54 – 45472 Mülheim an der Ruhr
Postfach 10 22 51 – 45422 Mülheim an der Ruhr
Tel.: 0208/439 54 50 – Fax: 0208/439 54 239
E-Mail: info@verlagruhr.de
www.verlagruhr.de

ISBN 978-3-8346-0264-0

Ein weiterer Beitrag zum Umweltschutz:

Das Papier, auf das dieser Titel gedruckt ist, hat ca. ***50% Altpapieranteil,*** *der Rest sind* ***chlorfrei*** *gebleichte Primärfasern.*

geeignet für die Klasse 1 **2 3 4** 5

Auch aus dieser Reihe:
Birgit Brandenburg
Kinder verstehen Gedichte
Frühlings- und Sommergedichte
Best.-Nr. 60265

Die Schreibweise der Texte folgt der neuesten Fassung der Rechtschreibregeln – gültig ab August 2006.

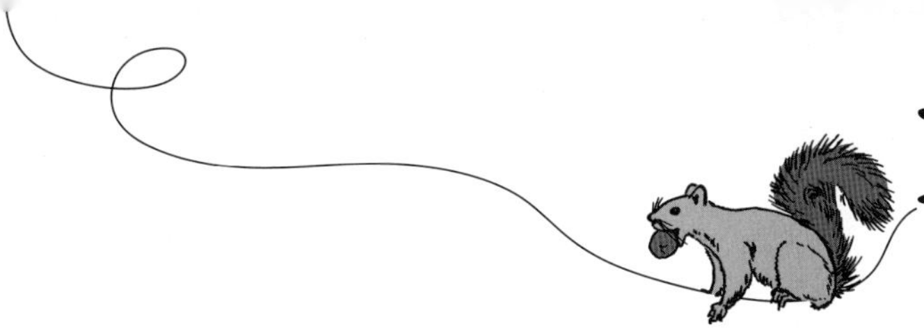

Inhaltsverzeichnis

Inhaltsverzeichnis

Vorwort

Hallo,

findest du es auch langweilig, Gedichte immer nur vorzulesen, auswendig zu lernen und vielleicht noch ein Bild dazu zu malen? Hast du dich auch manchmal über die seltsame Sprache in Gedichten gewundert? Magst du Gedichte und möchtest gerne noch mehr darüber lernen?

Dann findest du auf diesen Arbeitsblättern **ganz viele Ideen, was man mit Gedichten alles machen kann**. Mit Gedichten kann man nämlich eine Menge anfangen: dazu spielen, malen oder Musik machen, neue Gedichtwörter, Reime oder Zeilen finden oder ganze Gedichte selber schreiben. Die Gedichte, die du hier kennenlernst, sind alles **Herbst- und Wintergedichte von bekannten Dichtern**. Aber keine Angst vor Gedichten für „Große" – Gedichte sind für alle da.

Die meisten Aufgaben zu den jeweiligen Gedichten kannst du **alleine, mit einem Partner oder einer Partnerin oder auch mit einer Gruppe bearbeiten**. Deshalb steht auf den Aufgabenblättern auch nur dann **ein Symbol für Partnerarbeit oder Gruppenarbeit, wenn man eine Aufgabe zu mehreren lösen muss**. Bei den Blättern ohne Symbol überlegst du dir am besten selbst oder zusammen mit deinem Lehrer, was sich für dich gut eignet.

Auf den Blättern findest du weitere Symbole, die dir helfen, dich zurechtzufinden:
– Gedichteseite, – Aufgabenseite, – Aufgabe, – Tipp

Einige **Materialien** solltest du bei der Arbeit mit den Gedichten immer griffbereit haben:
Kleber, Schere, Lineal, verschiedene Arten von Stiften, Zeichenblock, Farbkasten, Tonpapier, alte Zeitschriften, andere Papiersorten, Schreibpapier, Hefte

Jetzt wünsche ich dir viel Spaß mit den Gedichten!
Deine

Birgit Brandenburg

Vorwort

Gedichte in der Grundschule

Lyrik war und ist immer ein fester Bestandteil des Deutschunterrichts in der Grundschule, führt aber auch heute noch eher ein **Schattendasein**.

Ein Grund mag darin liegen, dass viele LehrerInnen schlechte Erinnerungen an den eigenen Deutschunterricht haben. Oft wurden Gedichte behandelt, deren Inhalt und Sprache schwer verständlich waren. Die Gedichte wurden „kaputtinterpretiert" und nach ermüdenden formalen Gesichtspunkten analysiert. Darüber ging das bloße Genießen und die persönliche Auseinandersetzung mit ihrem Inhalt völlig verloren.

Auch die **Gedichtauswahl**, die den Kindern angeboten wird, kann ein Grund für den heutigen sparsamen Einsatz von Gedichten sein. Fand sich jahrelang nur klassische Lyrik in den Lesebüchern, trifft man heute nicht selten auf Gedichte, in denen trippelnde Mäuse und tapsende Bären die Kinder motivieren sollen, sich mit Lyrik zu beschäftigen. Die Texte sind in der Regel leicht verständlich, verlangen aber kaum eine wirkliche Auseinandersetzung mit dem Inhalt oder der Sprache. Zusätzliche und weiterführende Arbeitsaufgaben stehen selten zur Verfügung. So beschränkt sich die Behandlung von Gedichten im Unterricht oft auf das Lesen des Textes, ein anschließendes Gespräch und den Auftrag, ein Bild zum Inhalt zu malen.

Die **neuere Literaturdidaktik** schlägt verschiedene **kreative und selbsttätige Verfahren** vor, sich mit Lyrik zu beschäftigen. Lyrische Texte werden als Herausforderung verstanden. Schwieriges soll nicht vermieden werden, wenn die Kinder es mit einem gewissen Maß an Anstrengung bewältigen können.

Vorschläge der Literaturdidaktik

Die folgenden Anregungen können auch zur Weiterarbeit an den Gedichten dienen, wenn die Beschäftigung über die Arbeitsblätter hinausgehen soll.

Kinder können ...

- zerschnittene Gedichte zusammensetzen, um den Aufbau kennenzulernen.
- Gedichte auf Streichholzschachteln schreiben zur Schulung der Schreib- und Lesefähigkeit.
- Fragen zu einem Gedicht stellen, wenn es Verständnisprobleme gibt. Mit Hilfe dieser Technik können sie sich auch selbstständig mit anderen Gedichten auseinandersetzen.
- Gedichte mit Schrift gestalten, um so auch den Inhalt zu erschließen.
- Gedichte szenisch darstellen, um den Inhalt zu verdeutlichen und ihre Organisationskompetenz zu schulen (Rollenverteilung, Dialoge schreiben ...).
- parallele Zeilen, Strophen oder Fortsetzungsgedichte schreiben, um ihre Vorstellungen weiter auszudrücken.
- Reime einsetzen, bezeichnen und Reimgedichte schreiben, um sich mit dem Aufbau lyrischer Texte vertraut zu machen.
- Gedichte mit passenden Geräuschen oder Musik vertonen, um die Klangfarbe von Textstellen zu erfassen.
- selbst Gedichte zu bekannten Gedichtformen (Haiku, Elfchen) verfassen zur Schulung der Sprachgestaltung.
- Gedichte künstlerisch gestalten zur ästhetischen und feinmotorischen Schulung.
- ganz allgemein mit Gedichten rätseln, schnippeln, malen und handeln, um Spaß mit Sprache zu haben.

Einsatz der Materialien ...

... als Einzelstunde

Jedes Gedicht der Werkstatt kann als Einzelgedicht behandelt werden. Es kann als Weiterführung eines Themas im Deutschunterricht dienen oder in ein Thema eingebettet werden. Die Materialien eignen sich somit auch für den **Vertretungsunterricht**.

... als Angebot in der Freiarbeit

Bei der Freiarbeit können einige Gedichte ausgewählt und ausgelegt werden. Da die Gedichte und Arbeitsblätter **unterschiedliche Schwierigkeitsgrade** aufweisen, können sie auch

von sprachlich leistungsschwächeren Schülern selbstständig bearbeitet werden.

... im Wochenplan

Bei der Einarbeitung in den Wochenplan kann man gezielt Gedichte je nach Leistungsstärke einzelnen Schülern zuteilen.

... als Werkstatt

Die Gedichte einer Jahreszeit lassen sich als Werkstatt einsetzen.

... als Weiterarbeit zu Hause

Arbeitsblätter können zu Hause fertiggestellt werden, besonders, wenn es sich um Aufgaben handelt, die zeitaufwändiger sind (Collage kleben, Schreibanlässe ...).

Vorbereitung der Materialien

Die **Arbeitsblätter** werden im Klassensatz kopiert. Alle Kopien sollten in Ablagekörben geordnet bereitgelegt werden. Die benötigten **Materialien** sollten vor Beginn der Arbeit verfügbar sein. Eine **Materialliste** findet sich auf S. 77.

Wenn die Gedichte als Werkstatt bearbeitet werden, braucht jedes Kind eine Kopie vom Arbeits-Pass. Hier können die bearbeiteten Arbeitsblätter abgehakt oder angekreuzt werden.

Anregungen zur Einleitung der Arbeit mit den Gedichten

Die folgenden Beispiele sind nur ein Ausschnitt von vielen Möglichkeiten, ein Gedicht in einer Unterrichtsstunde einzuführen.

- Im Klassenraum kann ein **Jahrestisch** eingerichtet werden. Die Kinder bringen entsprechend der Jahreszeit Blumen, Früchte, Zweige oder Gebasteltes mit, um sich so auf das Gedicht einzustimmen.
- Man kann **außerschulische Orte** besuchen, die im Gedicht vorkommen.
- Wenn die Gedichte vorgelesen werden, kann man **bei schönem Wetter** den Sitzkreis **draußen** einrichten. Das macht den Inhalt für die Kinder erlebbar.
- Einleitende **Musikstücke oder Bilder** können den Inhalt eines Gedichts unterstützen.
- Von zu Hause können die Kinder vorab **Gedichte** zu einem bestimmten Thema **mitbringen** und in der Klasse vorlesen. Vielleicht finden sich auch fremdsprachige Gedichte.
- Vor oder nach der Beschäftigung mit den Gedichten können die Kinder in Lexika, Lesebüchern oder im Internet **Informationen zum Dichter sammeln**, entsprechend aufbereiten und im Klassenraum aushängen.

Nach der Arbeit mit den Gedichten

- Zur Nachbereitung sollte eine **Reflektionsphase** im Sitzkreis stattfinden. Die Kinder können Schwierigkeiten in der Bearbeitung diskutieren oder ihre Einstellung zu Gedichten vorbringen. In dieser Phase erhalten Lehrer Hinweise für die Weiterarbeit mit der Lyrik.
- Jedes Kind sollte seinen eigenen **Gedichteordner** anlegen, in dem die Ergebnisse abgeheftet werden. Auch selbstgesammelte Gedichte zu dem Thema und Informationen über den Dichter haben hier ihren Platz.
- Eine schöne Variante stellt die Bindung zu einem **Gedichtebuch** dar, bei der jeder Schüler ein passendes Deckblatt für seine Ergebnissammlung entwickeln kann. Alle gebundenen Arbeiten können im Klassenraum ausgelegt und den Mitschülern so zugänglich gemacht werden.
- Ein besonderes Gewicht erhalten die Ergebnisse, wenn sie in Form einer **Klassenausstellung** auch den Eltern vorgestellt werden.
- Die schönsten selbstgeschriebenen Gedichte können vielleicht auch auf einer **Schulfeier** vorgetragen werden.

Tipp:

Am Ende der Mappe findet sich ein **Glossar,** in dem schwierige Wörter erklärt werden. In den Gedichten sind diese Wörter mit einem Sternchen * gekennzeichnet.

Arbeits-Pass

für ____________________

Angebot	angefangen	erledigt	kontrolliert

© Verlag an der Ruhr | Postfach 10 22 51 | 45422 Mülheim an der Ruhr | www.verlagruhr.de | ISBN 978-3-8346-0264-0

Herbstanfang

September

S o kommt der Herbst jetzt im September
E r kommt nun mal in viele Länder
P etrus schickt den ersten Sturm
T ief versinkt der Bücherwurm
E r hat jetzt wieder Zeit zum Lesen
M uss ja vom Urlaub mal genesen*
B lätter zeigen bunte Farben
E he taumelnd sie verstarben
R eichlich Zeit, sie aufzulesen.

(Heinz Bornemann)

Herbstanfang

Info:
Das Gedicht *September* ist ein **Akrostichon**.
Die Anfangsbuchstaben jeder Zeile ergeben von oben nach unten gelesen das Wort „SEPTEMBER“.

So schreibst du ein Akrostichon.
Lies das Beispiel.

S turm im Herbst
T reibt welke Blätter durch die Straßen
U nd rüttelt an Dächern und Fenstern
R eißt Äste von den Bäumen
M anchmal knickt er Strommasten um

Wähle ein Wort aus dem Gedicht, und schreibe die Buchstaben untereinander. Schreibe zu jedem Buchstaben einen Satz oder den Teil eines Satzes. Er soll mit diesem Buchstaben anfangen und zu dem Wort insgesamt passen.

Suche ein oder mehrere Wörter aus den Vorschlägen unten heraus.
Schreibe zu jedem ein Akrostichon ins Heft.

Laub – Regenwetter – Herbst – Herbstfarben – Regenschirm – Wind – Gummistiefel – Lesezeit – Obsternte

Der Dichter benutzt das Wort **Bücherwurm**.
Damit ist meistens kein Wurm gemeint, der sich durch Bücher frisst. Man umschreibt damit in der Umgangssprache jemanden, der viele Bücher liest. Es gibt in der Sprache viele solche Bildwörter.

Versuche, die Bedeutung der fett gedruckten Bildwörter in einem Satz zu erklären.

Maria ist eine **Leseratte**. ______________________________

Mutter ist ein **Putzteufel**. ______________________________

Peter ist ein **Tunichtgut**. ______________________________

Lena ist ein **Geizhals**. ______________________________

Septembergold

September

September, er wills mit der ganzen Kraft,
Dem störrischen Hochmut der Leidenschaft,
Das Fliehende will er noch halten.
Doch hüpfen die Äpfel vom Baum ihm fort,
Die Goldbirnen stürzen, das Gras verdorrt*,
Die Flüsse und Weiher* erkalten.

Die Wolken sind auch schon so weiß nicht mehr,
Und Pilzgeruch bringen die Nebel her
Auf regenfeucht schleppenden Füßen.
Den Brombeersucher, den mag er nicht,
Drum schärft er den Dolch, der die Hand zersticht:
Die Gier soll der Räuber nur büßen!

Nur manchmal, am Mittag, im weißen Glast*,
Da tut er, als wär er der Sommer fast,
Da fühlt er sich noch wie ein Junger.
Da hat er noch Gold und ein Knabenherz,
Und treibt mit der Muhme*, der Schlange, Scherz,
Und gibt ihr die Maus für den Hunger.

(Georg Britting, gekürzt)

© Verlag an der Ruhr | Postfach 10 22 51 | 45422 Mülheim an der Ruhr | www.verlagruhr.de | ISBN 978-3-8346-0264-0

Septembergold

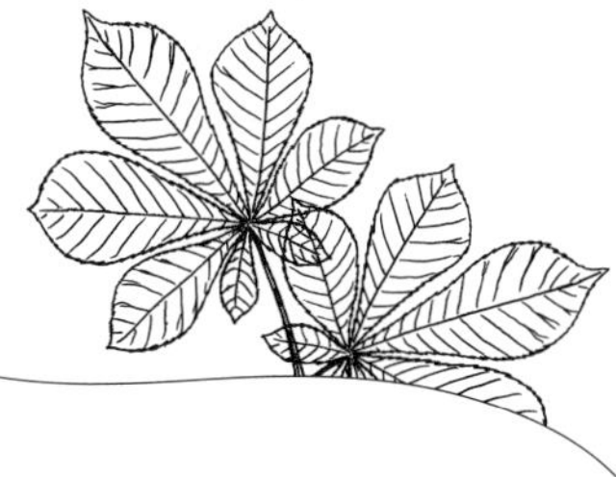

Lies dir selbst das Gedicht mit starker Betonung ein paar Mal laut vor. Bewege deinen Körper im Rhythmus der Betonung mit. Versuche, es so zu lesen, dass es zum September aus dem Gedicht passt.

Höre jetzt einmal genau auf die einzelnen Zeilen. Wo klingen sie schneller? Wo langsamer? Ist das in jeder Zeile so? Schreibe deine Beobachtungen auf.

Versuche, herauszufinden, woran das liegt. Hier ein Trick: Zeichne über jede Silbe, die du betont sprichst, einen Strich: — Über jede unbetonte Silbe zeichnest du einen kleinen Kringel: ◡ Kannst du ein Muster erkennen? Schreibe deine Überlegungen auf.

Der September im Gedicht gehört halb zum Sommer und halb zum Herbst. Welche Stellen im Gedicht gehören für dich mehr zum Sommer, welche mehr zum Herbst? Schreibe sie mit deinen eigenen Worten in die Tabelle.

mehr Sommer	mehr Herbst
	das Obst fällt von den Bäumen

Fühlst du dich auch manchmal so „halb und halb"? Schreibe davon in deinem Heft. Vielleicht kannst du dieses Gefühl auch besser in einem Bild oder sogar in einem Gedicht ausdrücken.

Reife Früchte

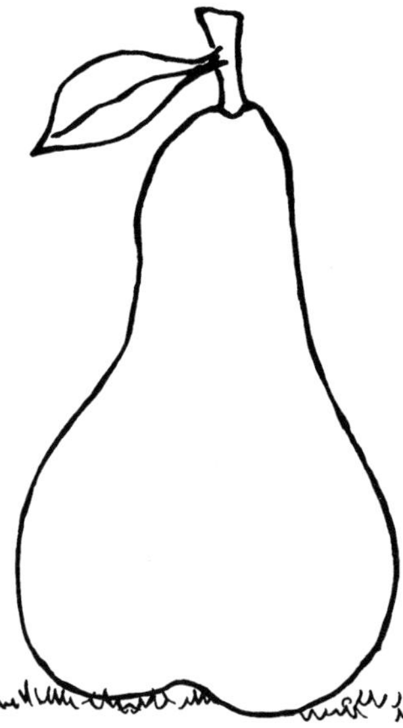

H328578I1D

DI35 I57 3IN H32857749, WI3 ICH K3IN3N 54H!
DI3 1UF7 I57 57I11, 415 47M373 M4N K4UM,
UND D3NN0CH F4113N 245CH31ND, F32N UND N4H,
DI3 5CHÖN573N F2ÜCH73 48 V0N J3D3M 84UM.

0 57Ö27 5I3 NICH7, DI3 F3I32 D32 N47U2!
DI35 I57 DI3 1353*, DI3 513 531832 HÄ17,
D3NN H3U73 1Ö57 5ICH V0N D3N ZW3I93N NU2,
W45 V0N D3M MI1D3N 5724H1 D32 50NN3 FÄ117.

(Friedrich Hebbel)

Reife Früchte

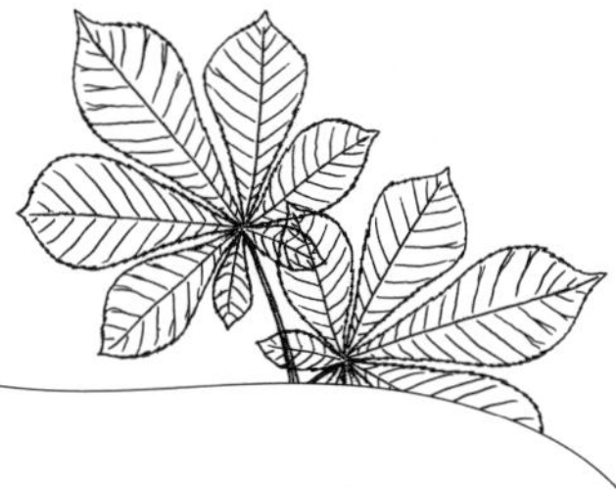

Das Gedicht von Friedrich Hebbel ist in der Leet-Sprache geschrieben.

Übersetze das Gedicht *H328578I1D* aus der Leet-Sprache in unsere Sprache. Schreibe die Übersetzung des Gedichts in dein Heft.

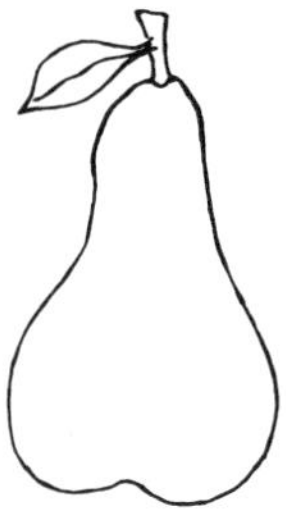

Schreibe deinen vollen Namen in der Leet-Sprache.
Vergleiche deinen Namen mit den Namen deiner Mitschüler.

Meine Name in Leet:

____

Info: Was ist die Leet-Sprache?
Leet wird „liet“ gesprochen. Die Sprache wird auch 1337 genannt. Buchstaben werden durch ähnlich aussehende Zahlen ersetzt.
Sie wurde erfunden, damit E-Mails nicht so einfach von Fremden oder von anderen Computern gelesen werden können.
Du kannst sie auch für Mitteilungen an deine Freunde benutzen und dir dabei noch eigene Zeichen ausdenken.
Hier das Leet-Wörterbuch für das Gedicht:
0 = O; 1 = L; 2 = R; 3 = E; 4 = A;
5 = S; 7 = T; 8 = B; 9 = G

Lies diesen Text laut vor. Kannst du herausfinden, welche Sprache das ist? (Vorsicht – Falle!)

Die sist einh erbst ta gwi eich kei nens ah!
Di eluf tist stil lalsat mete manka um,
unddenn och fal lenrasch elnd fernun dnah,
diesch öns tenfrüch teab vonje demba um.

Bestimmt hast du herausgefunden, wie die Sprache funktioniert.
Übersetze die zweite Strophe des Gedichts in diese Sprache.

____

____

____

____

Das Gedicht von Friedrich Hebbel hat den Titel *Herbstbild*.
Überlege dir, welchen Teil des Gedichts du als Bild sichtbar machen kannst. Male ein Bild zu dem Gedicht.

© Verlag an der Ruhr | Postfach 10 22 51 | 45422 Mülheim an der Ruhr | www.verlagruhr.de | ISBN 978-3-8346-0264-0

Luftpostbriefe

Herbst

Die schwarzen Krähen krächzen,
die kahlen Äste ächzen
im Wind.

Ich sehe einen Drachen,
ich hör' ein Kinderlachen
im Wind.

(Georg Bydlinski)

Allee* im Herbst

Die Bäume senden Luftpostbriefe.
Langsam schweben sie zu Boden.
Wer sie sieht, versteht die Botschaft:
Winter kommt bald.

(Georg Bydlinski)

Luftpostbriefe (1/2)

Lies die beiden Gedichte von Georg Bydlinski.
Vergleiche sie miteinander. Schreibe in die Tabelle.

	Herbst	Allee im Herbst
In welcher Personalform ist das Gedicht geschrieben?		
Welches Gedicht ist schon näher am Winter? Warum?		
Überprüfe die Reime in den Gedichten. Was fällt dir auf?		

Die Blätter im Gedicht *Allee im Herbst* werden als Luftpostbriefe bezeichnet. Vielleicht haben die Bäume echte Botschaften auf die Blätter geschrieben, die wir Menschen nur nicht lesen können. Welche Botschaften könnten das sein?

Schreibe deine Ideen in das Blatt.

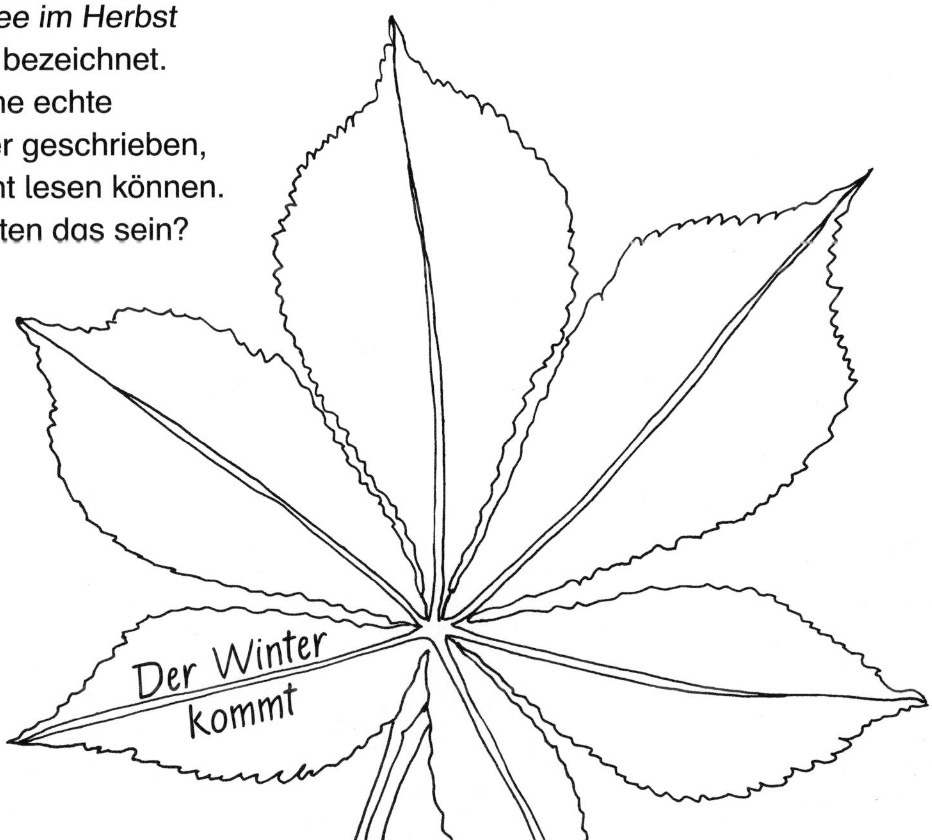

Luftpostbriefe (2/2)

Lies den Info-Text.

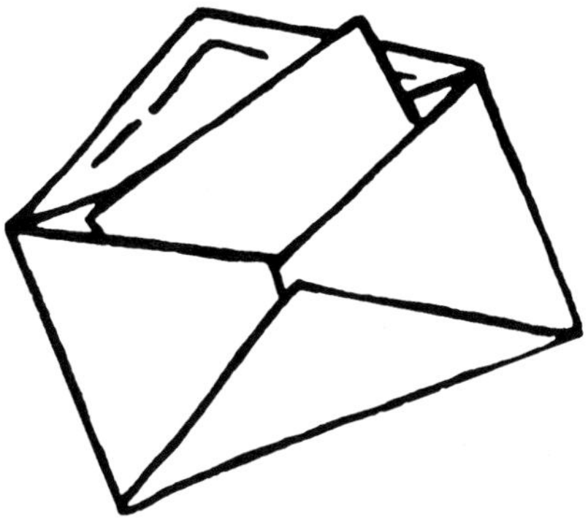

Info:
Das Gedicht *Herbst* beginnt mit den Zeilen:

Die schwarzen **K**rähen **k**rächzen,
die kahlen **Ä**ste **ä**chzen

Die Wiederholung von gleichen Buchstaben am Anfang von Wörtern nennt man **Alliteration**.
Eine Alliteration bilden solche Buchstaben aber nur, wenn die Wörter **direkt hintereinander** oder ganz **nah beieinander** stehen.
Durch die Alliteration klingt ein Text oft besonders, und du kannst ihn dir besser merken.

Unterstreiche die Alliterationen in den Zungenbrechern.

1. Wir Wiener Wäscherinnen wollten weiße Wäsche waschen, wenn wir wüssten, wo warmes Wasser wäre.
2. Fischers Fritze fischt frische Fische.
3. Blaukraut bleibt Blaukraut, und Brautkleid bleibt Brautkleid.
4. Bürsten mit weißen Borsten bürsten besser, als Bürsten mit schwarzen Borsten bürsten.
5. Am zehnten zehnten zehn Uhr zehn zogen zehn zahme Ziegen zehn Zentner Zucker zum Zoo.

Den Trick mit der Alliteration wendet auch die Werbung an.
Lies die Sprüche unten. Finde selbst noch weitere Werbesprüche mit Alliterationen, und schreibe sie in dein Heft. Suche auch in Zeitschriften danach.

Primus – praktisch, preiswert, gut

Mandelmilch macht mich munter.

Karlos Kornflakes muss man kaufen

Sonax – was sonst!

Klebe ein Werbeplakat aus geschriebenen und ausgeschnittenen Werbesprüchen mit Alliterationen.

Birnengeschenk (1/4)

Schreibe unten eine Geschichte zu den Bildern.

1.

2.

3.

4.

© Verlag an der Ruhr | Postfach 10 22 51 | 45422 Mülheim an der Ruhr | www.verlagruhr.de | ISBN 978-3-8346-0264-0

Lies das Gedicht auf dieser und der nächsten Seite.

Herr von Ribbeck auf Ribbeck im Havelland

Herr von Ribbeck auf Ribbeck im Havelland*,
Ein Birnbaum in seinem Garten stand,
Und kam die goldene Herbsteszeit
Und die Birnen leuchteten weit und breit,
Da stopfte, wenn's Mittag vom Turme scholl,
Der von Ribbeck sich beide Taschen voll,
Und kam in Pantinen* ein Junge daher,
So rief er: „Junge, wiste 'ne Beer*?"
Und kam ein Mädel, so rief er: „Lütt* Dirn*,
Kumm man röwer*, ick hebb 'ne Birn."

So ging es viel Jahre, bis lobesam*
Der von Ribbeck auf Ribbeck zu sterben kam.
Er fühlte sein Ende. 'S war Herbsteszeit,
Wieder lachten die Birnen weit und breit;
Da sagte von Ribbeck: „Ich scheide nun ab*.
Legt mir eine Birne mit ins Grab."
Und drei Tage drauf, aus dem Doppeldachhaus,
Trugen von Ribbeck sie hinaus,
Alle Bauern und Büdner* mit Feiergesicht
Sangen „Jesus meine Zuversicht",
Und die Kinder klagten, das Herze schwer:
„He is dod nu. Wer giwt uns nu 'ne Beer?"

So klagten die Kinder. Das war nicht recht –
Ach, sie kannten den alten Ribbeck schlecht,
Der neue freilich, der knausert und spart,
Hält Park und Birnbaum strenge verwahrt.
Aber der alte, vorahnend schon
Und voll Misstrauen gegen den eigenen Sohn,
Der wusste genau, was damals er tat,
Als um eine Birn' ins Grab er bat,
Und im dritten Jahr, aus dem stillen Haus
Ein Birnbaumsprössling sprosst heraus.

Birnengeschenk (3/4)

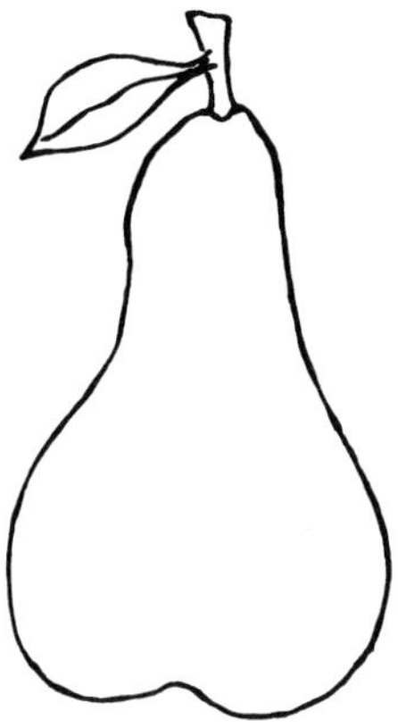

Und die Jahre gehen wohl auf und ab,
Längst wölbt sich ein Birnbaum über dem Grab,
Und in der goldenen Herbsteszeit
Leuchtet's wieder weit und breit.
Und kommt ein Jung' übern Kirchhof her,
So flüstert's im Baume: „Wist 'ne Beer?"
Und kommt ein Mädel, so flüstert's: „Lütt Dirn,
Kumm man röwer, ich gew' di 'ne Birn."

So spendet Segen noch immer die Hand
Des von Ribbeck auf Ribbeck im Havelland.

(Theodor Fontane)

- **Vergleiche den Text mit den Bildern und deiner Geschichte.**
- **In der Bildergeschichte fehlt das Bild zu den letzten acht Zeilen des Gedichts.** Male es in den Rahmen, und schreibe noch einen Text dazu. Er soll zu deiner Geschichte passen.
- **Schneide die Bildergeschichte mit deinem Text aus und auch dein Bild und den Text unten.** Klebe beides zusammen auf.
- **Hänge das Blatt in der Klasse auf.** Lies die Geschichten der anderen.

Birnengeschenk (4/4)

Schreibe einen Dialog zur Ballade.
Lies zuerst das Beispiel. Schreibe dann den Dialog bis zum Ende des Gedichts weiter in dein Heft.

Info:
Das Gedicht *Herr von Ribbeck auf Ribbeck im Havelland* ist eine **Ballade**. Eine Ballade ist ein Gedicht, das eine Geschichte erzählt. Sie ist oft in Reimen geschrieben.

Zwei Krähen sitzen in dem Birnbaum und unterhalten sich.
„Schau mal, wie viele Birnen in diesem Herbst an dem Baum hängen."
„Bist du schon mal hier gewesen?"
„Klar, ich komme in jedem Herbst hierher."
„Wer ist der Mann, der sich mittags so viele Birnen in die Taschen stopft?"
„Das ist der Herr von Ribbeck. Dem gehört der Baum und der Garten."
„Aha. Und was macht er mit den Birnen?" …

Suche dir einige Partner, und führt die Ballade als Rollenspiel auf.
Nehmt für den Text die Dialoge der beiden Krähen als Hilfe. Schreibt vorher eine Checkliste.

Wo soll gespielt werden?	
Welche Personen spielen mit?	
Welche Requisiten* brauchen wir?	
Wer ist der Regisseur*?	
Wie schreiben wir das Drehbuch*?	

Vergnügliche Ernte

Inserat

Die verehrlichen* Jungen, welche heuer*
Meine Äpfel und Birnen zu stehlen gedenken,
Ersuche ich höflichst, bei diesem Vergnügen
Womöglich insoweit sich zu beschränken,
Dass sie daneben auf den Beeten
Mir die Wurzeln und Erbsen nicht zertreten.

(Theodor Storm)

Vergnügliche Ernte

Stell dir vor, die Jungen lesen das *Inserat* in der Tageszeitung. Sie sind unterschiedlicher Meinung und diskutieren darüber. Schließlich beschließen sie, dass jeder an den Gartenbesitzer schreibt.

Lies Michas Karte.

Husum, den 28. September 1889

Lieber Gartenbesitzer,

Jhre Äpfel und Birnen sind besonders lecker, darum kann ich auch nicht widerstehen, welche zu stehlen. Jch weiß, dass das Diebstahl ist, und ich habe auch ein schlechtes Gewissen. Aber Sie sind wohl darüber gar nicht so böse. Sie möchten nur nicht, dass ich auch noch die Erbsenpflanzen neben den Bäumen zertrete. Jch verspreche Jhnen, vorsichtiger zu sein.

Mit vielen Grüßen
Micha

Karl hat eine andere Meinung und schreibt einen Brief.
Schreibe ihn hier auf. Überlege dir vorher, wie Karls Meinung ist. Ist er gar nicht einsichtig? Hat er kein schlechtes Gewissen? Oder ist sein Gewissen noch schlechter als das von Micha?

Verkehrter Oktober

Oktober

Es **geht** eine Zeit
da **antworten** wir uns
Was soll denn nur werden

Die **Erde** schmeckt
so bitter

Die Vögel sind
über alle **Täler**

Der Nebel macht
die Häuser bleich*

Die **großen** Tiere **stehen**
unter der Erde spazieren

Unters Dach trommeln
Kastanien

Wir müssen ins **Freie** zurück
da hält uns **die Sonne** gefangen

(im Original von Elisabeth Borchers)

Oktober

Es ______________ eine Zeit
da ______________ wir uns
Was soll denn nur werden

Die ______________ schmeckt
so bitter

Die Vögel sind
über alle ______________

Der Nebel macht
die Häuser bleich

Die ______________ Tiere ______________
unter der Erde spazieren

______________ Dach trommeln
Kastanien

Wir müssen ins ______________ zurück
da hält uns ______________ gefangen

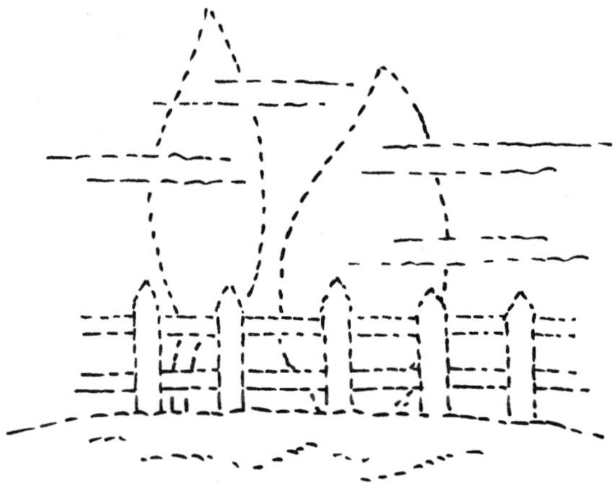

Verkehrter Oktober

In das Gedicht sind falsche Wörter hineingeraten.
Sie müssen das Gegenteil bedeuten. Setze in die Lücken im Text die richtigen Gedichtwörter ein.

Schreibe noch fünf eigene Strophen in dein Heft oder auf ein Blatt. Unten siehst du ein Beispiel.

Die Blätter färben
sich bunt.

1.

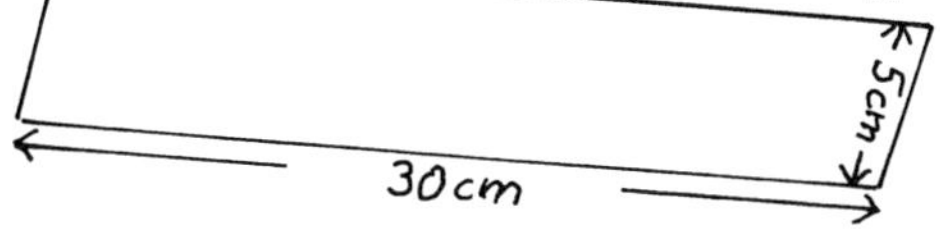

Stelle ein Leporello ohne Anfang und Schluss zu dem Gedicht her.

2.

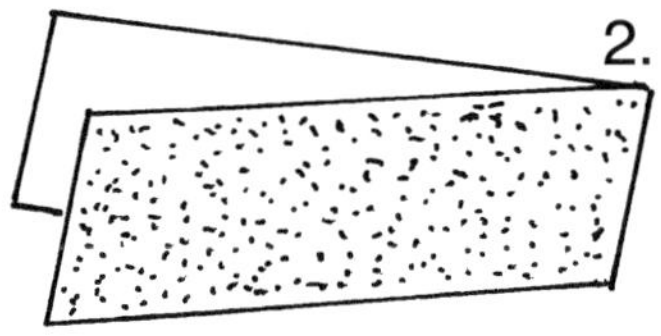

1. Schneide zwei Streifen Tonpapier zu. Jeder Streifen sollte 30 cm lang und 5 cm breit sein.
2. Falte einen Streifen in der Mitte.

3.

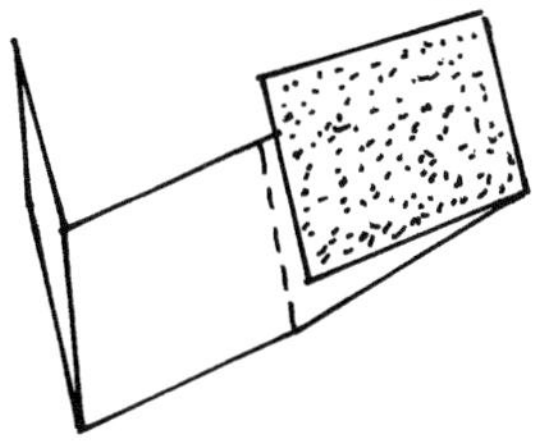

3. Öffne den Streifen, und lege die kurzen Seiten bis zur Mittelfalte.
4. Öffne deine Falten wieder, und knicke jede Seite noch einmal, sodass eine Ziehharmonika-Faltung entsteht.

4.

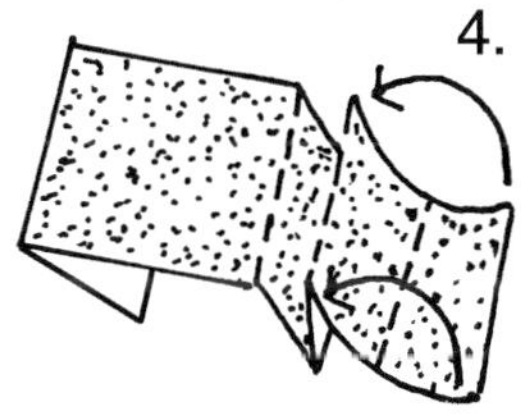

5. Klebe die sechs mittleren Rückenseiten zu Doppelseiten zusammen, so wie bei Bild 5 gezeigt. Wiederhole Schritt 2–5 mit dem anderen Streifen.

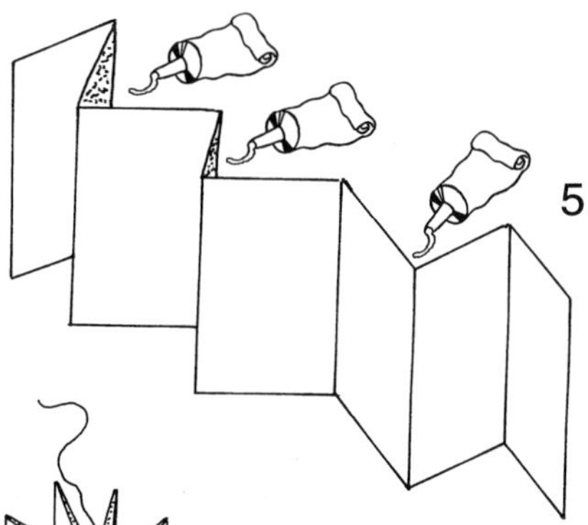

5.

6. Klebe die beiden Streifen an den losen Enden gegeneinander, so entstehen ebenfalls Doppelseiten. Ziehe einen Bindfaden durch die Mitte. Fädele eine Perle auf das untere Fadenende, oder hänge ein Bonbon daran.
7. Schreibe auf jede Seite des Leporellos eine Strophe des Gedichts von Elisabeth Borchers und die schönste von deinen eigenen Strophen. Vielleicht passt auch ein kleines Bild dazu.

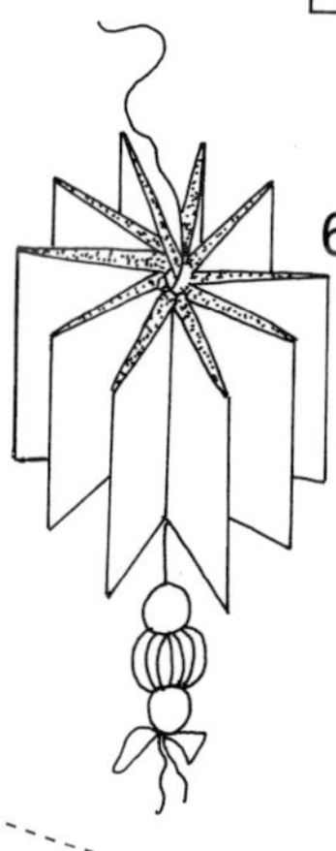

6.

Halloween - Nacht

Gespenster durch die Straßen ziehn.

Heute Nacht ist Halloween

Das GRAUEN schleicht von Haus zu Haus

und klingelt alle Leute raus.

Der Rübengeist hat uns geschickt,

und so sind wir hier angerückt.

Wir zischen, heulen und wir schrein

tanzen den Hexenringelrein.

Gebt ihr uns etwas Süßes aus

ziehn weiter wir ins Nebenhaus.

(unbekannter Verfasser)

© Verlag an der Ruhr | Postfach 10 22 51 | 45422 Mülheim an der Ruhr | www.verlagruhr.de | ISBN 978-3-8346-0264-0

Rübengeist (1/3)

Gestalte das Gedicht auf einem DIN-A4-Blatt.
Benutze dabei die Tipps.

Tipps:
- Benutze passende Schriftbilder für Wörter. — GRAUEN
- Ersetze Wörter durch Bilder. — Haus 
- Schreibe Wörter mit farbigen Stiften in Kunstschriften. — Nacht

Kannst du das Gedicht so vorlesen, dass du deinen Zuhörern einen Schauer über den Rücken jagst? Aus deinem Vortrag soll man das Grauen, das Zischen und die Nacht richtig heraushören.

Schreibe eine oder mehrere Wegwerfgeschichten ins Heft.
Hier sind ein paar Themenvorschläge:
- Der Kürbis im Bus
- Hallo und Halloween
- Das ängstliche Gespenst
- Kürbisunfall
- Der verliebte Rübengeist

Info: Wegwerfgeschichte
- Das sind kurze Geschichten, die jeder schreiben kann.
- Sie müssen nicht spannend sein.
- Schreibe in 10–15 Minuten das, was dir gerade zu dem Thema einfällt.
- Dann können sich deine Klassenkameraden eine von den entstandenen Geschichten wünschen.
- Nach dem Vorlesen wird sie weggeworfen. Jede Geschichte ist so ein einmaliges Ereignis.

Male die Kürbisse bunt aus.

© Verlag an der Ruhr | Postfach 10 22 51 | 45422 Mülheim an der Ruhr | www.verlagruhr.de | ISBN 978-3-8346-0264-0

Rübengeist (2/3)

Halloween ist der 31. Oktober, der Abend vor Allerheiligen. Das bekannteste Halloween-Symbol ist der ausgehöhlte Kürbis, er heißt *Jack O'Lantern.*

Lies die Legende*, wie der Kürbis zum Symbol für Halloween wurde.

Der Schmied Jack war ein Trinker und Betrüger. Seine Seele hatte er für die Zeit nach seinem Tod dem Teufel verkauft. Eines Tages, an einem 31. Oktober, kam der Teufel und wollte Jacks Seele holen. Jack hatte es sich aber anders überlegt.
Er wollte nicht mit dem Teufel gehen. Er bat den Teufel, ihm einen letzten Apfel zu pflücken. Als der Teufel auf dem Baum saß, ritzte der listige Jack ein Kreuz in den Stamm. Damit war der Teufel gefangen. Jack versprach, ihn herunterzulassen, wenn er auf seine Seele verzichtete.
Aber nach seinem Tod fand Jack keinen Platz im Himmel. Er hatte im Leben zu viel betrogen.
Auch in der Hölle wollte ihn keiner haben, denn er hatte den Teufel übers Ohr gehauen.
Der Teufel hatte Mitleid mit Jack.
Er schenkte ihm eine ausgehöhlte Rübe mit einem glühenden Stück Kohle.
Die Rübe diente Jack als Laterne bei seiner ewigen Wanderung in der Dunkelheit zwischen Himmel und Hölle.
Später nahmen die Menschen statt der Rübe einen Kürbis und nannten ihn *Jack O'Lantern.* Heute ist Halloween die Nacht der Geister und Gespenster, die an Haustüren klingeln und den Leuten Angst einjagen wollen.
Aber mit ein paar Süßigkeiten lassen sich die Geister schnell besänftigen und spielen den Leuten keine Streiche.

Beantworte die Fragen zum Text.

1. Was hatte Jack dem Teufel versprochen? ______________________

____

2. Wie trickste er den Teufel aus? ______________________

____

3. Was schenkte der Teufel Jack? ______________________

____

4. Wozu benutzte Jack das Geschenk? ______________________

____

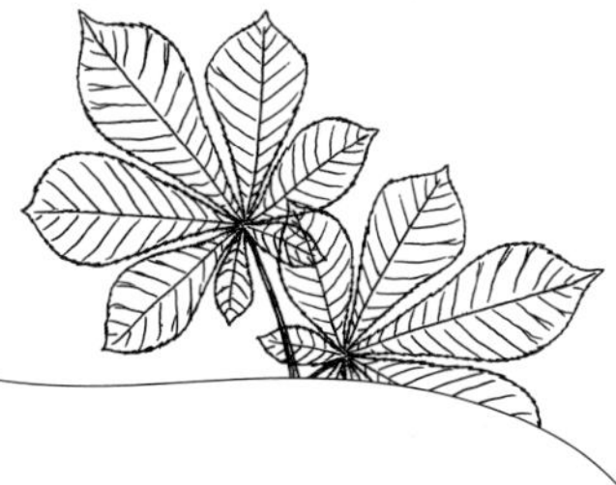

Rübengeist (3/3)

Wenn du die Gedicht-Seite und die *Jack O'Lantern*-Seite gut gelesen hast, kannst du dieses Halloween-Kreuzworträtsel sicher lösen.

1. Wenn die Leute den Geistern nichts Süßes geben, spielen diese ihnen …
2. So hieß der Schmied in der Legende mit Vornamen.
3. Das Fest der Geister und Gespenster.
4. Fliegt nachts herum, ist aber kein Vogel.
5. Damit kann man Halloween-Geister besänftigen.
6. Eine knochige Figur.
7. Das … schleicht von Haus zu Haus und klingelt alle Leute raus.
8. Wir zischen, heulen und wir schrein, tanzen den …ringelreihn.
9. Der … hat uns geschickt, und so sind wir hier angerückt.
10. Ein Gemüse, aus dem heute auch Halloween-Laternen geschnitzt werden.
11. Blut lieben sie, aber Knoblauch mögen sie gar nicht.
12. … durch die Straßen ziehn.

Tipp: Ü = UE

Nebelwelt

Nebelspruch

Nebel steht weiß,
streift dein Gesicht,
deckt dir das Eis,
frisst dir das Licht.

Geh nicht ins Feld,
läufst bald im Kreis!
Fremd ist die Welt –
Nebel steht weiß.

(Ursula Wölfel)

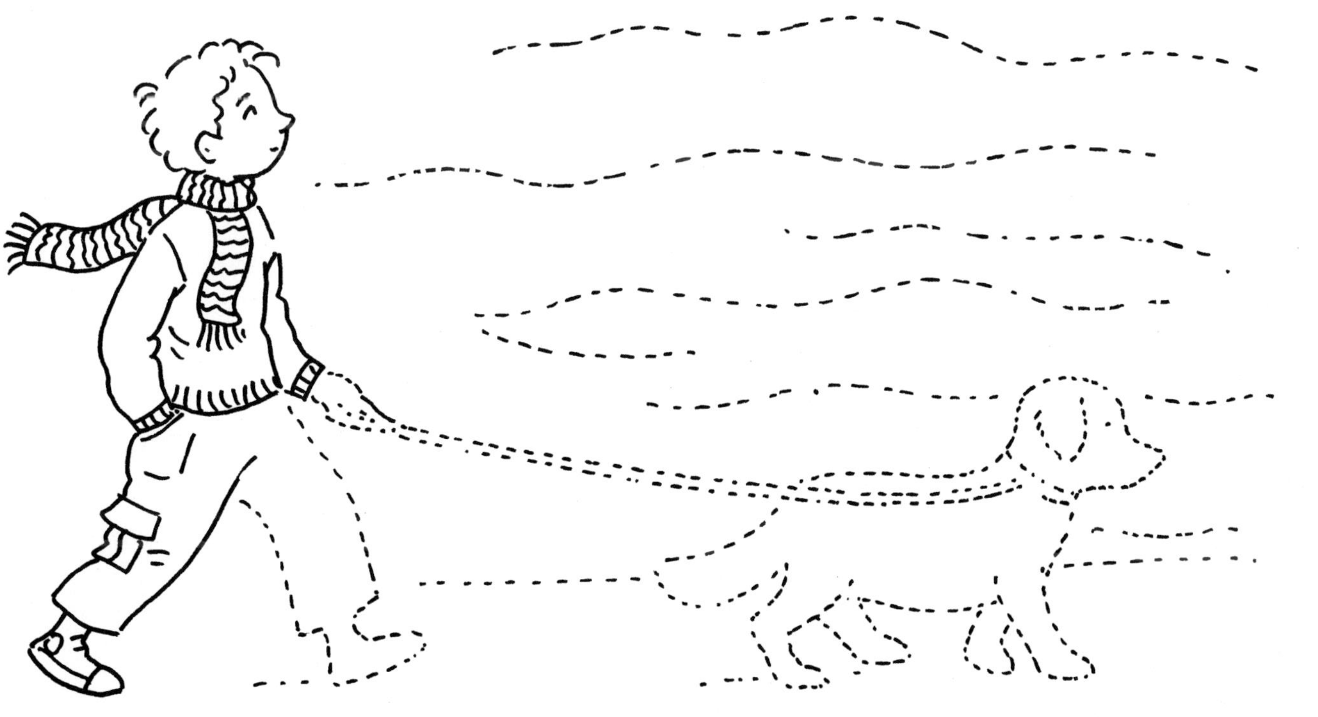

© Verlag an der Ruhr | Postfach 10 22 51 | 45422 Mülheim an der Ruhr | www.verlagruhr.de | ISBN 978-3-8346-0264-0

Nebelwelt

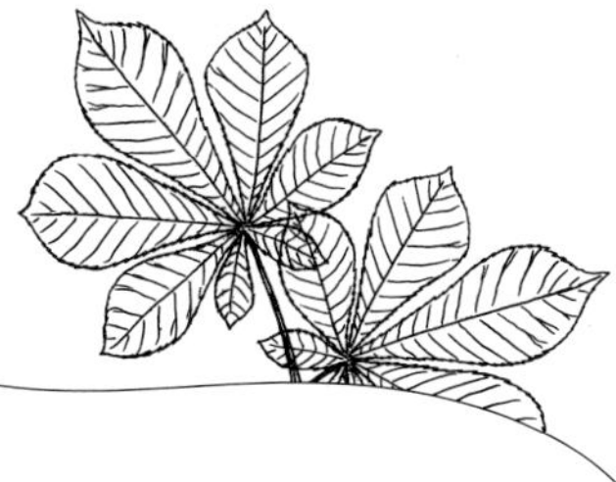

Stell dir vor, du gehst oder fährst im dichten Nebel zur Schule.
Schreibe ins Heft, was durch den Nebel um dich herum anders ist.
Die Schlagwörter könnten dir helfen.

Schlagwörter:
Häuser – Sichtweite – Farben – Ampeln – Laternen – Autofahrer – Licht – Straßen – überqueren – farblos – Grautöne – verlaufen

Gestaltet in einer Gruppe (bis zu vier Kinder) das Gedicht als Tanz mit Instrumentenbegleitung.
So könnt ihr vorgehen:
1. Lest das Gedicht mehrmals durch.
2. Besprecht mit Hilfe der Tabelle Zeile für Zeile eurer Darstellung.

Tipps:
- Für den Tanz könntet ihr den Nebel mit Hilfe einer großen weißen Gardine oder einem Stück Stoff darstellen.
- Als Instrumente eignen sich besonders Glockenspiel, Bar-Chimes, Triangel und Trommeln.

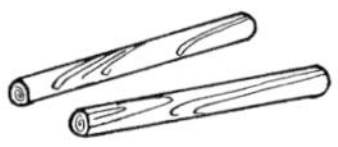

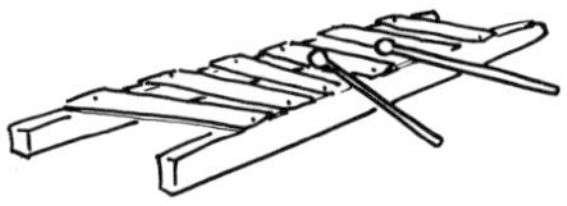

	Wer spricht den Text?	Welches Instrument brauchen wir?	Welche Bewegungen oder Tanzschritte passen?
Nebel steht weiß,			
streift dein Gesicht,			
deckt dir das Eis,			
frisst dir das Licht.			
Geh nicht ins Feld,			
läufst bald im Kreis!			
Fremd ist die Welt –			
Nebel steht weiß.			

Ratschläge

Nasser November

Ziehen Sie die ältesten Schuhe an,
die in Ihrem Schrank vergessen stehn!
Denn Sie sollten wirklich dann und wann

Sicher werden Sie ein bißchen frieren,

Aber trotzdem: gehen Sie nur spazieren!
Und, wenn's irgend* möglich ist, allein.

Müde fällt der Regen durch die Äste.
Und das Pflaster glänzt wie blauer Stahl.*
Und der Regen rupft die Blätterreste.

Abends tropfen hunderttausend Lichter
zischend auf den glitschigen Asphalt.

Und die Regenschirme sind ein Wald.

Ist es nicht, als stiegen Sie durch Träume?
Und Sie gehn doch nur durch eine Stadt!

Und im Wipfel schwankt das letzte Blatt.

Gehn Sie, bitte, falls Sie friert, nach Haus!
Sonst wird noch ein Schnupfen heimgebracht.
Und – ziehn Sie sofort die Schuhe aus!

(Erich Kästner)

Ratschläge

Sortiere die fehlenden Zeilen richtig ein.
Lies dazu die Textstreifen mehrmals durch. Schneide sie aus, und klebe sie in das Gedicht. Achte dabei auf die Reime. Lies das ganze Gedicht anschließend noch einmal genau durch.

Und der Herbst rennt torkelnd* gegen Bäume.
auch bei Regen durch die Straßen gehn.
und die Straßen werden trostlos sein.
Geben Sie ja auf die Autos acht.
Und die Pfützen haben fast Gesichter.
Und die Bäume werden alt und kahl.

In einigen Zeilen des Gedichts haben Regen und Herbst menschliche Eigenschaften oder führen Tätigkeiten aus.
Lies das Beispiel.

- **Müde** fällt der Regen durch die Äste.
- Und der Regen **rupft** die Blätterreste.
- Und der Herbst **rennt torkelnd** gegen Bäume.

Bilde selber Sätze, in denen Dinge menschliche Eigenschaften haben und/oder Tätigkeiten ausführen.
Schreibe sie ins Heft. Benutze die Wortliste rechts als Hilfe.
So könnten die Sätze aussehen:

- **Schüchterne** Regenschirme ducken sich vor dem Regen.
- Mein Regenschirm **schläft** bis November.

Wortliste
Schuhe – Straßen – Äste – Blätterreste – Lichter – Regenschirme – Bäume – Schnupfen

frieren – spazieren – schlafen – rupfen – gähnen – gehen – rennen – ziehen

ängstlich – schüchtern – fröhlich – müde – frech – angeberisch – kämpferisch – träge

Weihnachtsostern

Vorweihnachtszeit?

Wenn vom Baum die Blätter fallen
und der Herbstwind fegt durchs Land
fülln sich langsam die Regale
Weihnachtsduft erfüllt das Land.

Wo ich hinseh Weihnachtsmänner
Spekulatius, Marzipan
kann's schon langsam nicht mehr sehen
warum tun sie uns das an.

Nicht mehr lang, ihr werdets sehen
steht der Hase unterm Baum
hängt die Eier an die Nadeln
schlimmer werden kann's ja kaum.

(Heinz Bornemann)

Weihnachtsostern

Der Sprecher in dem Gedicht erzählt von Geschehnissen, die ihm nicht gefallen.
Schreibe sie mit eigenen Worten hier auf.

Wie stellst du dir die Vorweihnachtszeit vor?
Schreibe es hier auf.

In dem Text sind zwei Geschichten durcheinandergeraten: *Vorweihnachten heute* (8 Sätze) und *Vorweihnachten früher* (7 Sätze).
Schreibe die Geschichten getrennt in dein Heft.

Heute ist der 23. September, Herbstanfang. Heute ist der 1. Advent, Beginn der Vorweihnachtszeit. Gerda freut sich auf die Zeit vor Weihnachten. Gestern hatte Tobias im Supermarkt die ersten Weihnachtsmänner und Marzipanbrote gesehen. Tobias seufzt, weil es noch so viele Wochen bis Weihnachten dauert. Gerdas Familie backt gemeinsam Plätzchen. Abends liest Vater bei Kerzenschein Weihnachtsgeschichten vor – jeden Tag eine. Bald wird Tobias in jedem Kaufhaus von Weihnachtsliedern „berieselt". Wie jedes Jahr wird seine Familie vor Weihnachten im Stress sein. Es riecht nach Bratäpfeln aus der Bratröhre des gusseisernen Küchenherds. Tobias weiß jetzt schon, dass er am Weihnachtsfest die Weihnachtslieder und das Marzipan nicht mehr mögen wird. Gerdas Familie bastelt Geschenke für die große Verwandtschaft. Wie freut sich Gerda auf den Weihnachtsabend. Bald nach Weihnachten stehen schon die Osterhasen in den Supermarkt-Regalen. Tobias fragt sich, ob wohl irgendwann Weihnachten und Ostern auf einen Tag fallen.

© Verlag an der Ruhr | Postfach 10 22 51 | 45422 Mülheim an der Ruhr | www.verlagruhr.de | ISBN 978-3-8346-0264-0

Hoher Besuch

Das Nikolaus-ABC

Alle Jahre, stets aufs neu
Bringt uns jemand allerlei.
Chorgesang der Kinder klingt
Dem, der uns Geschenke bringt.
Es ist jemand, der bei Nacht
Furchtlos Türen offen macht.
Ganz, ganz heimlich legt er in
Häusern seine Gaben hin.
In die Socken, in die Schuh,
Jedem teilt er etwas zu.
Keiner hört ihn, wenn er sehr
Leise naht, so still ist er.
Mögt ihr wissen, wer das ist?
Nikolaus, der Knecht vom Christ.
Ordentlich in jedem Haus
Packt er die Geschenke aus.
Quengelkindern bringt der Mann
Ruten aus dem finstren Tann*.
Selten nur und unverhofft
Tut er das, und gar nicht oft.
Und so wird der Mann zuletzt
Von den meisten hochgeschätzt.
Wünscht drum ruhig, dass er naht!*
X – und merkt euch diesen Rat:
Ypsilon – er ist sehr nett
Zett!

(James Krüss)

Hoher Besuch (1/2)

Schreibe ein eigenes Nikolaus- oder Adventsgedicht.
Suche zu jedem Buchstaben ein Nikolauswort oder einen Nikolaussatz. Das Gedicht könnte dir dabei helfen.

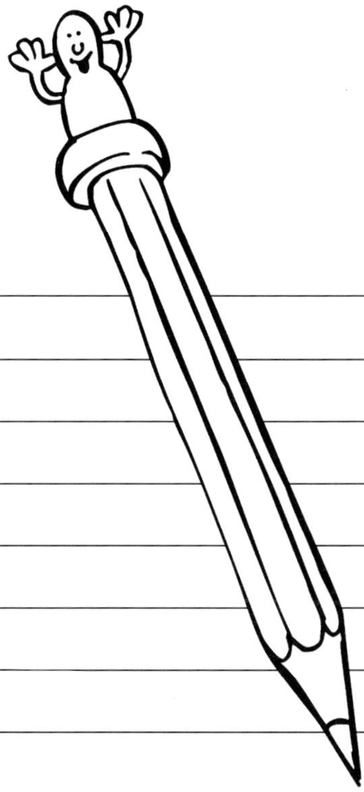

A *m 6. Dezember ist Nikolaustag.* ______
B ______
C ______
D ______
E ______
F ______
G ______
H ______
I ______
J ______
K ______
L ______
M ______
N ______
O ______
P ______
Q ______
R ______
S ______
T ______
U ______
V ______
W ______
X *– da gibt es nix!* ______
Y *– genauso blöd!* ______
Z *– weil es am Ende steht.* ______

Hoher Besuch (2/2)

Der Nikolaus hat ein Avenidas-Gedicht eingepackt.
Schneide die Teile aus. Setze sie zusammen, und klebe sie auf ein Blatt Papier. Lies das Gedicht.

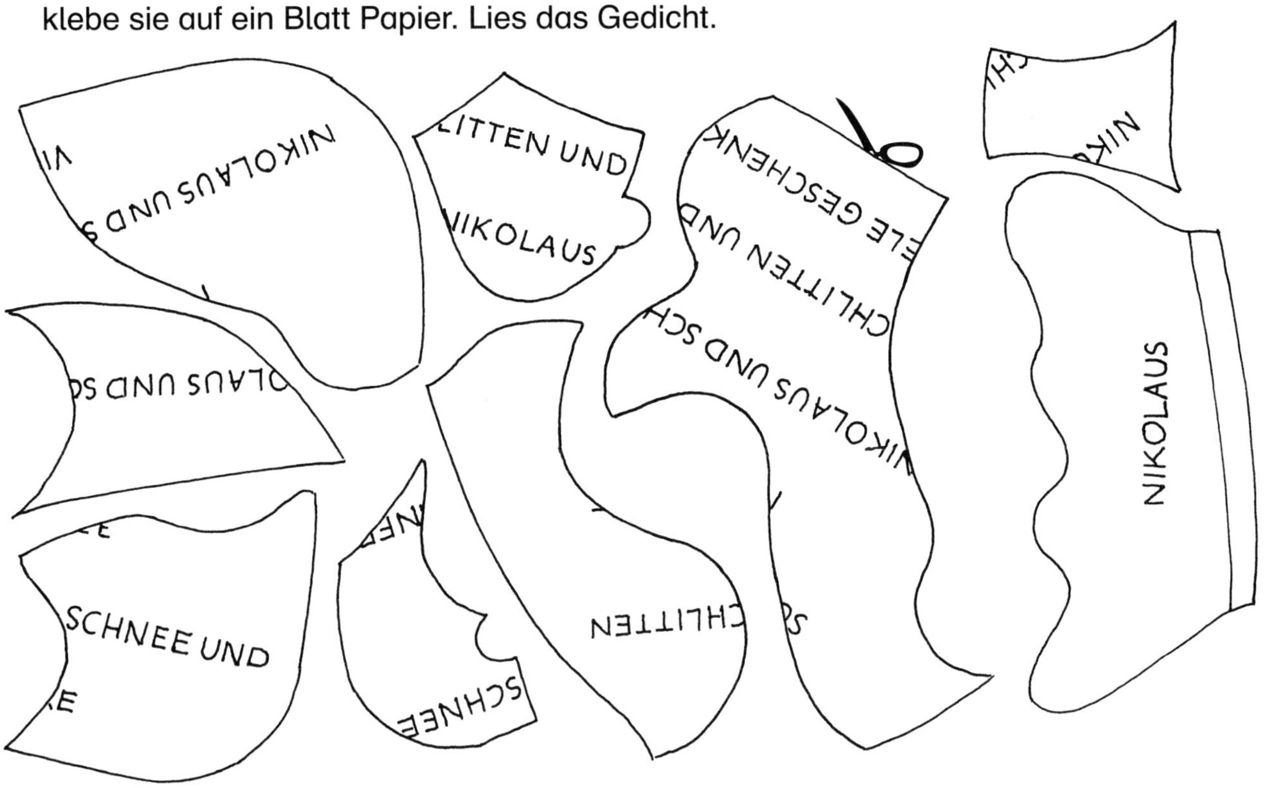

Das Avenidas-Gedicht ist nach einem ganz bestimmten Bauplan geschrieben. Du kannst ihn herausfinden, wenn du jedes gleiche Wort aus dem Puzzle-Gedicht durch den immer gleichen Buchstaben aus dem ABC ersetzt. Zum Beispiel: Für „Nikolaus“ schreibst du immer „A“. Schreibe den Bauplan hier auf.

____

__________ und __________

__________ und __________

____

__________ und __________

__________ und __________ und __________ und

__________ __________

Schreibe ein oder mehrere Avenidas-Gedichte in dein Heft.
Wenn du ein Gedicht zum Thema „Nikolaus“ schreiben möchtest, könnte dir das Gedicht *Nikolaus-ABC* oder dein eigenes ABC-Gedicht eine Hilfe sein.

Starker Teig

Weihnachtsgebäck

Im Küchenschrank stehen eng zusammen
das Mehl, der Zucker und der Zimt
die zufällig zusammen kamen
und warten, was man unternimmt.

Ich bin so wichtig, sagt das Mehl
das könnt ihr mir gern glauben
und mach daraus auch gar kein Hehl*
der Zucker hörts mit Schnauben.

Wenn's mich nicht gäb du Mehl bist dumm
würd keiner Plätzchen essen
und wenn du fragst, wieso, warum
man ist auf süß versessen.

Doch weihnachtlich meint da das Zimt
würds keinem richtig schmecken
wenn man ein Stück von mir nicht nimmt
könnt ihrs Gebäck verstecken.

Im Nebenfach feixt* frech die Butter
was regt ihr euch so furchtbar auf
wie staubig wär das Weihnachtsfutter
käm da nicht dicke Butter drauf.

Das Backpulver meint schließlich noch
ihr habt ja mich vergessen
da geht ihr alle gar nicht hoch
und niemand kann euch essen.

So wird nun fröhlich angemengt
das Mehl das Salz der Quark
und die Moral von der Geschicht
ja nur gemeinsam sind wir stark.

(Heinz Bornemann)

© Verlag an der Ruhr | Postfach 10 22 51 | 45422 Mülheim an der Ruhr | www.verlagruhr.de | ISBN 978-3-8346-0264-0

Starker Teig

Führt das Gedicht als Theaterstück auf.

Ihr braucht:
- Gedichtblatt
- Materialien für Kostüme, z.B. Zeichenkarton, Schnur, Farbe, Tonpapier, dicke Filzstifte

So geht es:
- Suche dir 7 Mitspieler.
- Entwerft und gestaltet Kostüme. Ein Beispiel für ein Kostüm aus einem Karton, Schnur und etwas Farbe oder Buntpapier seht ihr links.
- Schreibt gemeinsam einen Dialog* mit Hilfe des Gedichts. Ihr könnt den Text reimen oder nicht.

1. Strophe

Mehl: ______________________________

Zucker: ______________________________

Zimt: ______________________________

2. Strophe

Mehl: ______________________________

3. Strophe

Zucker: ______________________________

4. Strophe

Zimt: ______________________________

5. Strophe

Butter: ______________________________

6. Strophe

Backpulver: ______________________________

7. Strophe

Mehl: ______________________________

Salz: ______________________________

Quark: ______________________________

Alle: ______________________________

© Verlag an der Ruhr | Postfach 10 22 51 | 45422 Mülheim an der Ruhr | www.verlagruhr.de | ISBN 978-3-8346-0264-0

Vorahnungen

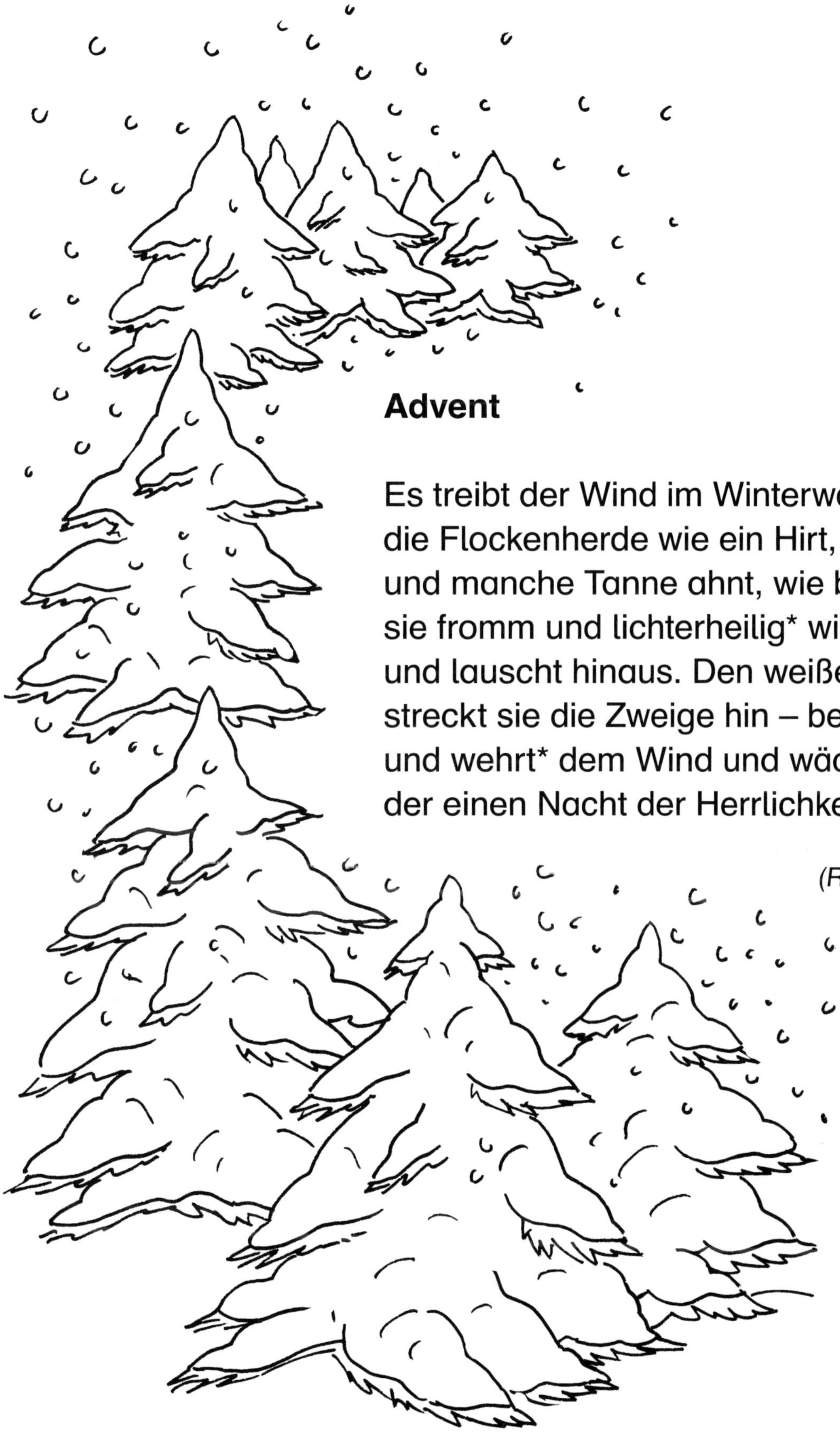

Advent

Es treibt der Wind im Winterwalde
die Flockenherde wie ein Hirt,
und manche Tanne ahnt, wie balde
sie fromm und lichterheilig* wird;
und lauscht hinaus. Den weißen Wegen
streckt sie die Zweige hin – bereit,
und wehrt* dem Wind und wächst entgegen
der einen Nacht der Herrlichkeit.

(Rainer Maria Rilke)

Vorahnungen

Der Dichter Rainer Maria Rilke benutzt Umschreibungen für manche Wörter.
Lies die Wörter in der Tabelle. Überlege dir eigene Umschreibungen, und schreibe sie in die rechte Spalte.

Wort	Rilkes Umschreibung	Deine Idee für eine Umschreibung
Schneetreiben	Flockenherde	
Wind	Hirte	
Heiligabend	Nacht der Herrlichkeit	
Winterwald		
Tanne		
Kerzenschein		
Adventszeit		

Worauf wartet die Tanne?
Welche Gedanken macht sie sich wohl während der Wartezeit? Schreibe deine Ideen auf.

© Verlag an der Ruhr | Postfach 10 22 51 | 45422 Mülheim an der Ruhr | www.verlagruhr.de | ISBN 978-3-8346-0264-0

Frost Winter

Der Winter

Die Pelzkappe voll mit schneeigen
Tupfen, behäng' ich die Bäume mit
hellem Kristall. Ich bring die Weihnacht
und bringe den Schnupfen, Silvester und
Halsweh und Karneval. Ich komme mit
Schlitten aus Nord und Nord-Ost. –
Gestatten Sie: Winter: Mit Vornamen: Frost.

(Mascha Kaléko)

Frost Winter

Bei dem Gedicht stehen die Reime mitten in der Zeile, nicht am Ende. Schreibe den Text richtig als Gedicht ins Heft.

In diesem Jahr ist der Winter zum Winteranfang am 23. Dezember einfach nicht erschienen. Schreibe ein Suchplakat für den Winter mit Hilfe des Gedichts. Male auch ein Passfoto des Winters dazu, wie du ihn dir vorstellst.

WANTED!

Vorname: ______________________

Nachname: ______________________

Geboren am: ______________________

Kopfbedeckung: ______________________

Herkunft: ______________________

Fahrzeug: ______________________

Inhalt seines Reisegepäcks: ______________________

Stell dir vor, der Winter wird nicht gefunden. Du darfst seine Rolle übernehmen. Was würdest du tun? Schreibe es hier auf. Wenn du möchtest, kannst du deinen Text auch reimen.

Ich bin der Winter. Mein Name ist ______________________

Ich ______________________

____

____

____

____

Der Winter

Vereister Schnee lässt frieren uns und zittern,
mit kühlem Atem bläst der strenge Wind,
wir stapfen Schritt für Schritt fast farbenblind
mit Zähneklappern, Eiszapfen zersplittern.

Am Feuer träumen, wenn die Äste knittern,
wenn draußen Regen strömt im Gegenwind
und alle langsam und bedächtig sind,
mit Vorsicht über eis'ge Wege schlittern.

Wer schnell geht, ausrutscht, stürzt zur Erde.
Auf's Neue schlurft man, sucht sein Gleichgewicht,
bis irgendwann das Eis reißt und zerbricht.

Beim Öffnen schleift das Eisentor die Erde
im Kampf mit Winden aus Südost und Norden.
Welch große Freud', dass Winter uns geworden.

(Vera Hewener)

Wintermusik (1/2)

- **Lies das Gedicht und den Info-Text.**
- **Schneide die Karten aus, und lies sie dir durch.**
- **Höre dir das Geigenkonzert konzentriert an, am besten mehrmals.** Lege dabei die Karten so hintereinander, wie du sie aus der Musik heraus hörst. Die Reihenfolge muss nicht die gleiche sein wie im Gedicht.
- **Klebe die Karten auf ein Blatt, und vergleiche mit deinen Mitschülern.**

Info: die Gedicht-Idee
Das Gedicht gehört zu einem Musikstück des italienischen Komponisten Antonio Lucio Vivaldi (1678–1741). Das Musikstück ist ein Geigenkonzert. Vivaldi hat es *Der Winter* genannt. Die Musik macht hörbar, wie Menschen den Winter erleben. Zu diesem Gedicht hat Vivaldi auf Italienisch damals schon ein Gedicht geschrieben. Die Autorin Vera Hewener hat es ins Deutsche übertragen. Aber weil man Gedichte nicht so einfach übersetzen kann, ist daraus ein eigenes Gedicht geworden.

langsam über das Eis gehen	bedächtig über das Eis stapfen	schlurfen	rutschen
schlittern	ausrutschen	hinfallen	Eiszapfen splittern
frieren	zittern	mit den Zähnen klappern	bibbern
gemütliches Kaminfeuer	träumen	zufrieden im Warmen sitzen	es regnet
ein Eisentor schwingt im Wind	es stürmt	der Sturm heult	das Eisentor schleift über die Erde

© Verlag an der Ruhr | Postfach 10 22 51 | 45422 Mülheim an der Ruhr | www.verlagruhr.de | ISBN 978-3-8346-0264-0

Wintermusik (2/2)

Schreibe dein eigenes Wintergedicht aus dem Gedicht *Der Winter* von Vera Hewener.

So gehts:

1. Schreibe jeweils **ein Adjektiv und ein Nomen** auf die Zeilen. Du musst dabei das Adjektiv passend zum Nomen verändern.

vereist – kühl – eisig – groß – farbenblind – streng – langsam – bedächtig – schnell

+

Schnee – Atem – Wind – Winter – Zähneklappern – Eiszapfen – Freude – Regen – Gleichgewicht – Eis

- *farbenblinder Schnee*
- ______
- ______
- ______
- ______
- ______
- ______
- ______

2. Bilde aus den Adjektiven und Nomen **einfache Sätze.**

- *Eisiger Wind fegt mir ins Gesicht.*
- ______
- ______
- ______

3. Schreibe eine **Überschrift**. Schreibe dann **aus den Aufgaben 1 und 2** deine besten Ideen heraus, so wie es der Bauplan vorgibt.

Überschrift ______

Adjektiv + Nomen ______

Adjektiv + Nomen ______

Satz ______

Satz ______

Adjektiv + Nomen ______

Adjektiv + Nomen ______

Schreibe dein Wintergedicht in deiner schönsten Schrift auf ein Blatt. Male ein passendes Bild zu deinem Gedicht.

Zwitschernder Stein

Wenn es ★ wird

Der ▼ hat eine ❖ bekommen,
sodass man fast drauf gehen kann,
und kommt ein großer ➜ geschwommen,
so stößt er mit der ❤ an.

Und nimmst du einen ●
und wirfst ihn drauf, so macht es klirr
und titscher – titscher – titscher – dirr …
Heißa, du lustiger ●!

Er zwitschert wie ein ✤
und tut als wie ein ✪ fliegen –
doch endlich bleibt mein ●
ganz weit, ganz weit auf dem ▼ draußen liegen.

Da kommen die ➜ ➜ haufenweis
und schaun durch das klare Fenster von ♦
und denken, der ❍ wär etwas zum ✿;
doch sosehr sie die ❤ ans ♦ auch pressen,
das ♦ ist zu dick, das ♦ ist zu alt,
sie machen sich nur die ❤ ❤ kalt.

Aber bald, aber bald
werden wir selbst auf eignen ✖
hinausgehn können und den ❍ wiederholen.

(Christian Morgenstern)

Zwitschernder Stein

Konntest du beim Lesen des Gedichts schon erraten, für welche Wörter einige der Zeichen eingesetzt wurden? Schreibe das Gedicht mit Hilfe des Zeichen-Wörterbuchs in dein Heft.
Zwei Zeichen hintereinander bedeuten immer: Mehrzahl.

❤ Nase	▼ See	✤ Vögelein	★ Winter
♦ Eis	❖ Haut	❍ Stein	✪ Schwälblein
● Kieselstein	✖ Sohlen	➜ Fisch	✿ Essen

Finde passende lautmalende Wörter zu den Bildern.
Schreibe sie in die Bilder.

Info:
Den Wörtern **klirr, titscher, dirr** kannst du schon anhören, wie der Kieselstein über das Eis hüpft.
In einem Film würdest du den Kieselstein selbst hören.
In einem Gedicht benutzen Dichter stattdessen oft passende Wörter.
Wörter, die Geräusche hörbar machen, nennt man **lautmalende Wörter** oder **Lautmalerei**.
Solche lautmalenden Wörter kennst du aus Comics.

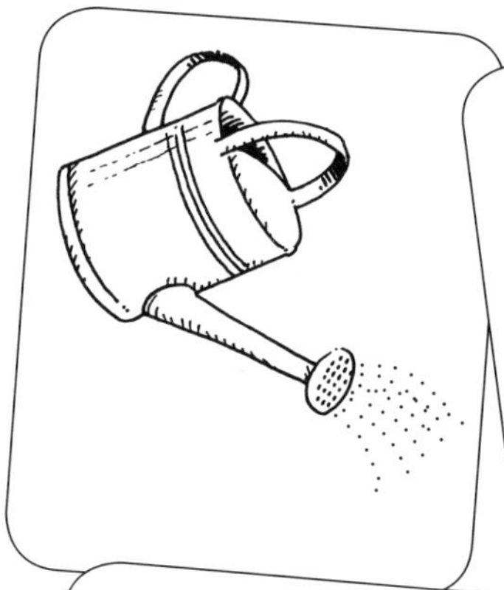

© Verlag an der Ruhr | Postfach 10 22 51 | 45422 Mülheim an der Ruhr | www.verlagruhr.de | ISBN 978-3-8346-0264-0

Kaschubisches* Weihnachtlied

Wärst du, Kindchen*, im Kaschubenlande*,
Wärst du, Kindchen, doch bei uns geboren!
Sieh, du hättest nicht auf Heu gelegen,
Wärst auf Daunen* weich gebettet worden.

Nimmer* wärst du in den Stall gekommen,
Dicht am Ofen stünde warm dein Bettchen,
Der Herr Pfarrer käme selbst gelaufen,
Dich und deine Mutter zu verehren.

Kindchen, wie wir dich gekleidet hätten!
Müsstest eine Schaffellmütze tragen,
Blauen Mantel von kaschubischem Tuche,
Pelzgefüttert und mit Bänderschleifen.

Hätten dir den eignen Gurt* gegeben,
Rote Schuhchen für die kleinen Füße,
Fest und blank mit Nägelchen beschlagen!
Kindchen, wie wir dich gekleidet hätten!

Kindchen, wie wir dich gefüttert hätten,
Früh am Morgen weißes Brot mit Honig,
Frische Butter, wunderweiches Schmorfleisch*,
Mittags Gerstengrütze*, gelbe Tunke*.

Gänsefleisch und Kuttelfleck* mit Ingwer*,
Fette Wurst und goldnen Eierkuchen,
Krug um Krug das starke Bier aus Putzig!
Kindchen, wie wir dich gefüttert hätten!

Und wie wir das Herz dir schenken wollten!
Sieh, wir wären alle fromm geworden,
Alle Kniee würden sich dir beugen,
Alle Füße Himmelswege gehen.

Niemals würde eine Scheune brennen,
Sonntags nie ein trunkner* Schädel bluten, –
Wärst du, Kindchen, im Kaschubenlande,
Wärst du, Kindchen, doch bei uns geboren!

(Werner Bergengruen)

Weihnachtswünsche (1/3)

Das Gedicht hat Werner Bergengruen vor über 70 Jahren geschrieben. Deshalb hören sich viele Ausdrücke für unsere Ohren seltsam an. Versuche, einige Strophen aus dem Gedicht so zu „übersetzen“, dass sie in unsere Zeit passen.

So geht es:

- Lies das Gedicht noch einmal, und unterstreiche die Dinge, Kleidungsstücke oder Gerichte, die du ersetzen würdest.
- Fertige dann ein Cluster* auf einem großen Blatt Papier an. Finde so viele Begriffe wie möglich, damit du eine große Auswahl für deine Übersetzung hast. Das Beispiel unten kann dir helfen.
- Übersetze nun einige Strophen aus dem Gedicht von Werner Bergengruen in die heutige Zeit. Nimm dein Cluster zu Hilfe, und schreibe in dein Heft.

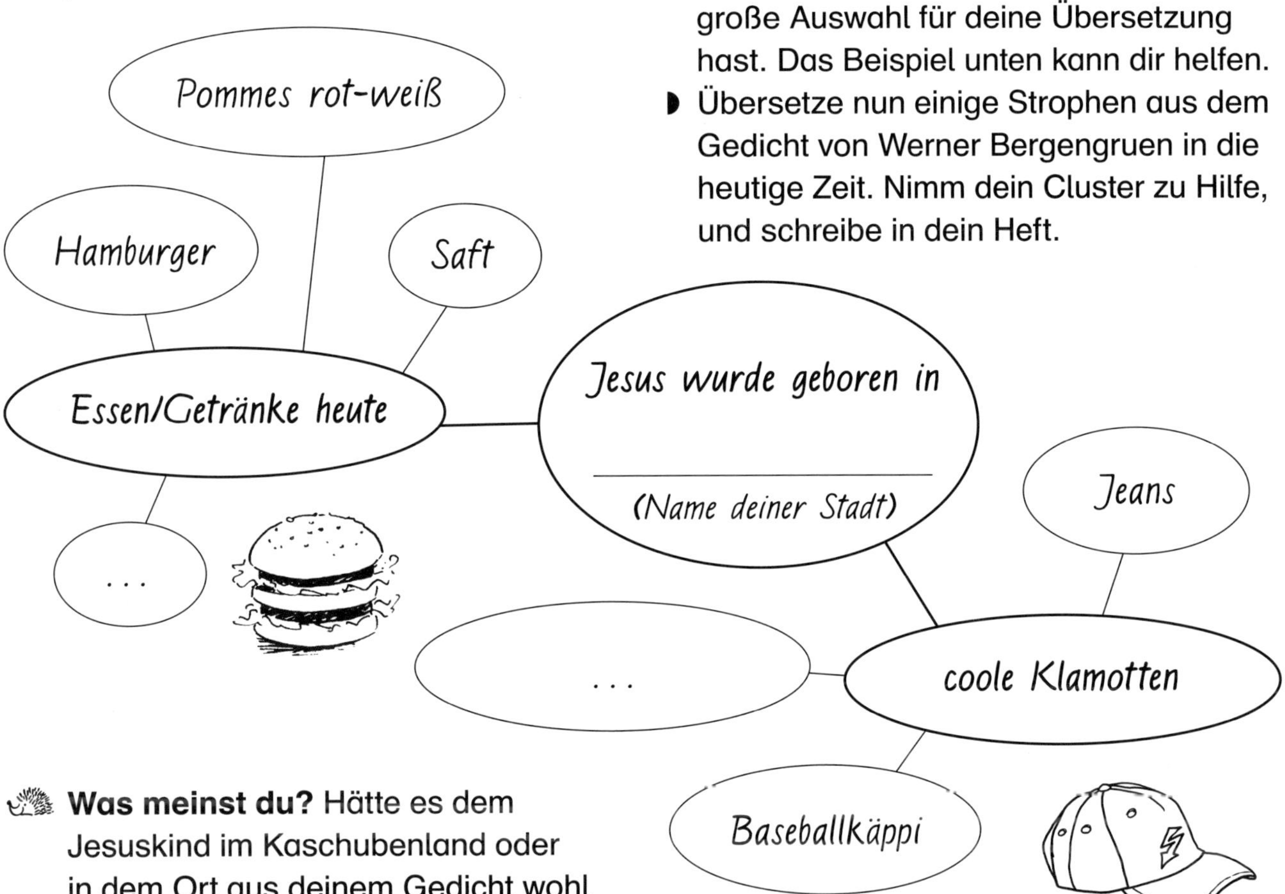

Was meinst du? Hätte es dem Jesuskind im Kaschubenland oder in dem Ort aus deinem Gedicht wohl gefallen? Warum?

____

____

____

Was glaubst du, ist wichtig, damit es jemandem gut geht?

____

____

____

Weihnachtswünsche (2/3)

Wie sieht es nun mit deinen Weihnachtswünschen aus? In der ganzen Welt gibt es Weihnachtspostämter, an die du deine Weihnachtswünsche schicken kannst. Hier findest du einige Adressen.

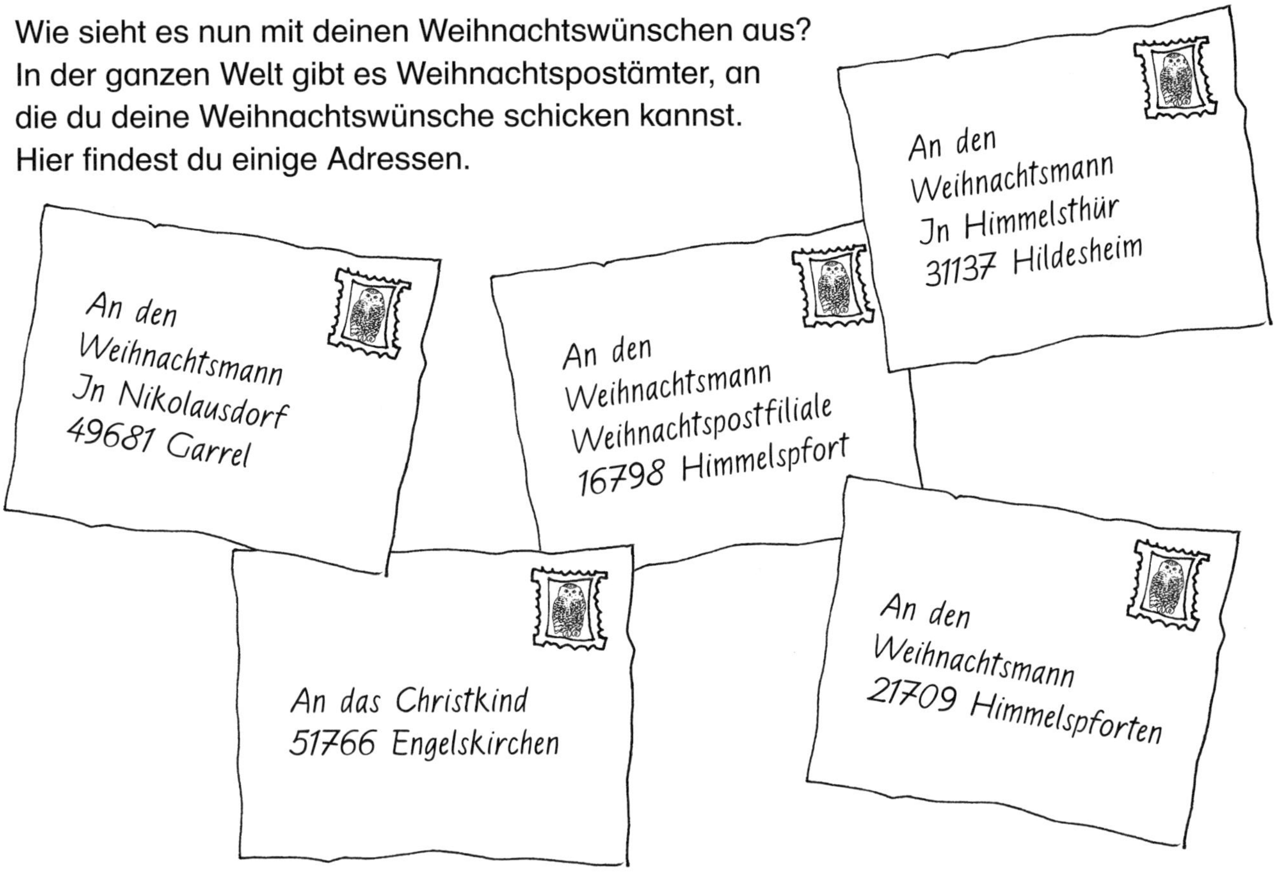

Schreibe und male einen Brief an den Weihnachtsmann.
Schreibe deinen Brief an den Weihnachtsmann oder das Christkind auf dem Briefbogen (S. 53). Schneide dann den Bogen aus, und klebe ihn an dem Klebefalz zu. So ist dein Briefbogen gleichzeitig dein Umschlag. Falte den Brief, und klebe ihn zusammen. Schicke ihn an eines der Weihnachtspostämter.

Setze ein Brückenwort ein, das mit dem linken Wort und auch mit dem rechten Wort einen Sinn ergibt.

Tipp:
Benutze das Gedicht von Werner Bergengruen als Hilfe.

EIER									FORM
GÄNSE									WURST
HIMMELS									WEISER
BÄNDER									SCHUHE
SCHMOR									GERICHT
SCHAFFELL									SCHIRM

Weihnachtswünsche (3/3)

Klebelasche

Klebelasche

Klebelasche

Hier knicken

Hier knicken

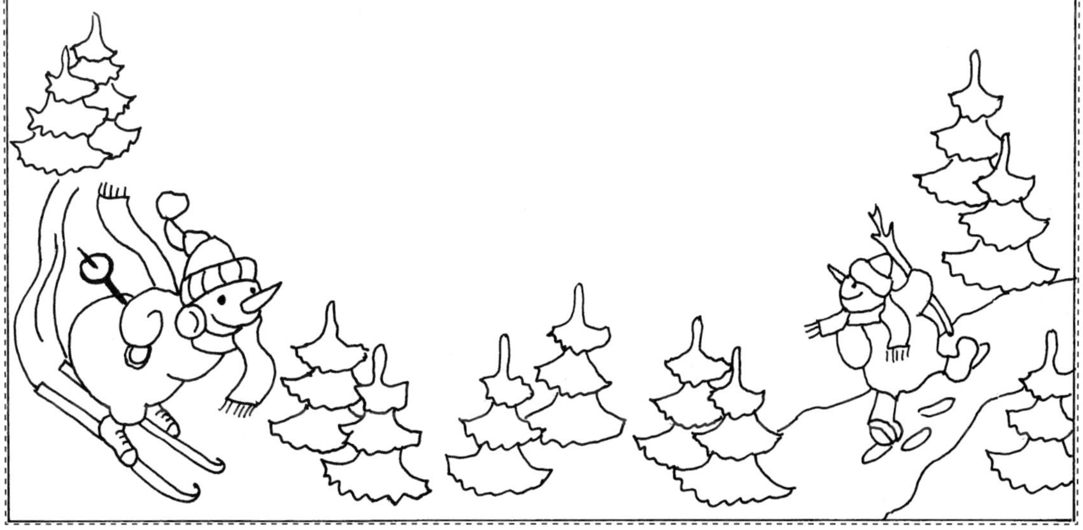

Weihnachtsbild (1/3)

Lies den Info-Text.

Kennst du auch Bilder und Geschichten von Engeln? Überlege dir, wo man bei uns heute Engel entdecken kann. Das können auch Leute sein, die sich wie Engel verhalten. Schreibe mehrere Überlegungen auf.

Info:
Das Bild ist von dem Künstler Otto Pankok (1893–1966). Er nannte es *Weinende Engel.*

Die Bibel erzählt oft von **Engeln** und ihren verschiedenen Aufgaben.

- Sie brachten Botschaften von Gott.
- Sie waren als Schutzengel Beschützer.
- Sie waren Streitschlichter zwischen Menschen.
- Sie waren Wächter zum Paradies.

Schneide das Bild aus, und klebe es auf ein Blatt. Male den Gegenstand oder die Person dazu, auf die die Engel weinend schauen.

Lies dann das Gedicht auf der nächsten Seite.

Weinende Engel

Sie halten Abstand von der Erde,
begreifen nicht der Menschen Streit.
Die Engel halten plötzlich inne*,
sie sehn ihr Ende in der Zeit.

Wir leben außerhalb des Wunders
und glauben keiner Botschaft mehr,
nicht einer kennt und liebt den andern,
wir reden viel und sind so leer.

So sprachlos sind die beiden Engel,
erschrocken bleiben sie uns fern.
Verdunkelt irren unsre Jahre,
entfernt von jedem hellen Stern.

(Friedrich Rohde)

Friedrich Rohde schrieb das Gedicht
zu dem Bild von Otto Pankok.

Finde heraus, welche Sätze zum Inhalt des Gedichts passen, und kreuze sie an.

- ❑ Was die Engel auf der Erde sehen, erschreckt sie.
- ❑ Die Engel wollen mit den Menschen nichts mehr zu tun haben.
- ❑ Die Engel versuchen sofort, die Streitereien zu schlichten.
- ❑ Die Menschen wollen die Botschaften der Engel nicht mehr hören.
- ❑ Die Menschen glauben noch an Wunder.
- ❑ Die Menschen streiten viel und mögen sich zu wenig.
- ❑ Die Menschen reden viel, aber oft ist es hohles Gerede.
- ❑ Die Engel sind sprachlos über das Geschehen auf der Erde.
- ❑ Die Engel lachen die Menschen aus.

Weihnachtsbild (3/3)

Teufelssprache

- Ich verletzte den anderen mit Worten.
- Ich lasse dem anderen mit meiner Sprache keine Wahl.
- Ich rede in Wut und suche Streit.

Stell dir vor, die Engel hören den Streit zwischen Jörg und Markus, der rechts steht. Die Jungen sprechen in der Teufelssprache. Lies den Text, und unterstreiche Sätze in der Teufelssprache.

Stell dir jetzt vor, du bist ein Engel. Du willst erreichen, dass beide rücksichtsvoller miteinander umgehen. Wie die beiden miteinander sprechen, ist auch wichtig. Schreibe ein Schlichtungsgespräch zwischen dir, Jörg und Markus in der Engelssprache.

Markus nimmt Jörg ständig Sachen weg. Heute versteckt Jörg deshalb aus Rache Markus' Schreibmappe. Markus findet sie schließlich im Papierkorb und schreit: „Du bist ein richtiger Scheißkerl!“ Darauf wirft Markus Jörgs Turnbeutel aus dem Fenster. Jörg brüllt wütend: „Du bist ein Hirni! Du bist ein totaler Blödmann!“ Markus lacht: „Ach, du Zwerg. Du hast doch sowieso kein Gehirn!“ Jörg stürzt sich wütend auf Markus. Bald liegen sie am Boden und schlagen aufeinander ein.

Engelssprache

- Ich sage dem anderen in ruhigem Ton, was mich stört.
- Ich sage, was ich fühle.
- Ich sage, was ich wünsche.

Ein Jahr ist zu Ende

Ein Jahr ist zu Ende.
Nun gebt euch die Hände
und sagt: Alles Gute, Gesundheit und Glück!

Beschließt in Gedanken,
euch nicht mehr zu zanken,
und denkt an die Sünden vom Vorjahr zurück!

Bleibt nett und verträglich,
und drückt euch nicht täglich
vorm Waschen und Lernen auf listige Art!

Tut's auch nicht verdrießlich*!
Es bleibt euch ja schließlich,
ob schneller, ob langsamer, doch nicht erspart!

Ein Jahr will beginnen.
Im Glockenturm drinnen
erschrecken die Tauben vom Bimm und vom Bumm.

Seid nicht wie die Tauben!
Ihr müsst an euch glauben.
Stapft fröhlich ins Neujahr und dreht euch nicht um!

(James Krüss)

© Verlag an der Ruhr | Postfach 10 22 51 | 45422 Mülheim an der Ruhr | www.verlagruhr.de | ISBN 978-3-8346-0264-0

Jahreswechsel

Klebe aus dem Gedicht von James Krüss ein neues.

So geht's:

- Schneide das Gedicht an den gestrichelten Linien auseinander.
- Lege die Textstreifen in einer neuen Reihenfolge untereinander.
- Probiere so viele Möglichkeiten, bis dir das neue Gedicht gefällt.
- Schreibe dein Gedicht in einer kunstvollen Schrift auf ein schönes Blatt. Hier siehst du ein Beispiel.

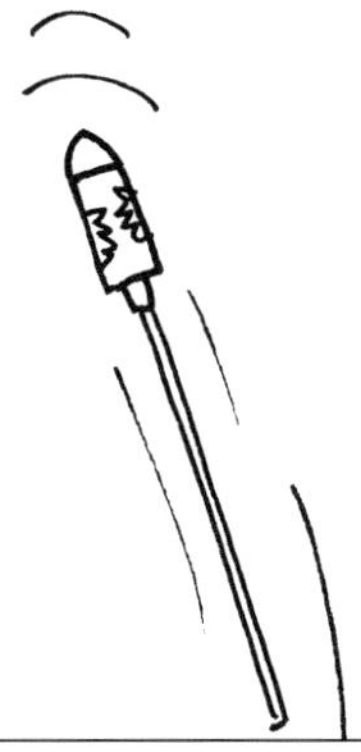

Bleibt nett und verträglich
und drückt euch nicht täglich.

Für ein neues Jahr nimmt man sich viel vor.
Gestalte einen Mini-Kalender mit deinem persönlichen Vorsatz für jeden Monat. Schneide die Kalenderblätter auseinander, und hefte sie mit einem Tacker zusammen. Du kannst sie auch lochen und mit einer Schnur zusammenbinden.

Ich bleibe nett und verträglich. JANUAR	______ ______ ______ FEBRUAR	______ ______ ______ MÄRZ	______ ______ ______ APRIL
______ ______ ______ MAI	______ ______ ______ JUNI	______ ______ ______ JULI	______ ______ ______ AUGUST
______ ______ ______ SEPTEMBER	______ ______ ______ OKTOBER	______ ______ ______ NOVEMBER	______ ______ ______ DEZEMBER

Wintersinfonie

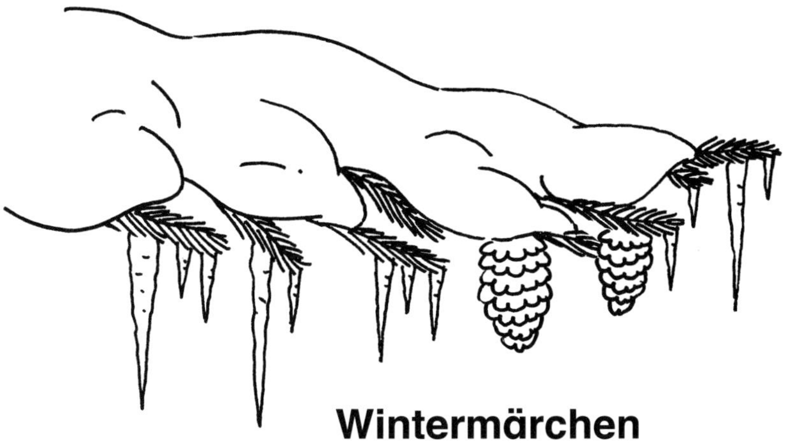

Wintermärchen

Dort, wo sich das Licht trifft,
auf dem Blauweiß der Zweige,
auf dem Schneefeld,
das Besucher nicht kennt,
auf der Eiszone,
die ein Gebirgsbach durchmisst*,
in den Kältenebeln des Morgens,
schwindelt in meinen Augen
das Märchen, das man Winter nennt.

Es flüstern Kristalle,
klirren Tannenzapfen,
stöhnt Gebälk* unter der Eistracht*,
eine Sinfonie* aus Weiß.

(Vera Hewener)

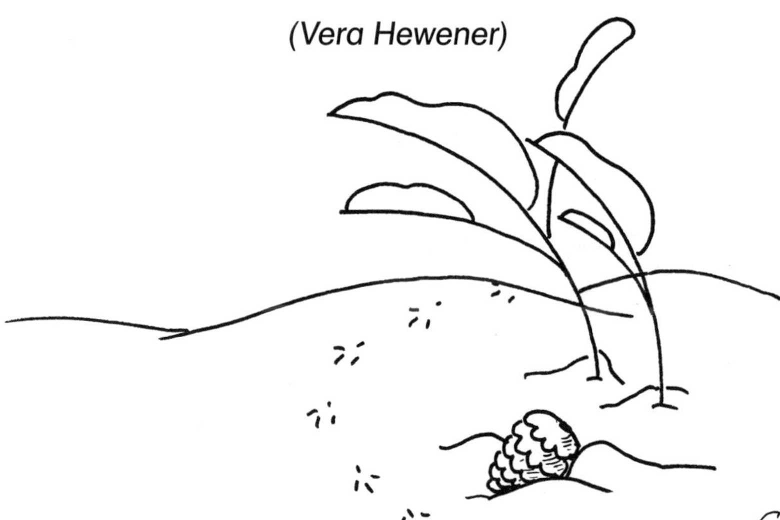

Wintersinfonie

Den Winter kannst du auf verschiedene Arten wahrnehmen.
Unterstreiche Wörter im Gedicht:
- blau: was du sehen kannst
- gelb: was du hören kannst
- rot: ein Wort, das dir gut gefällt

Info:
Bei den meisten Gedichten reimen sich die Zeilenenden. Bei dem Gedicht *Wintermärchen* von Vera Hewener ist das aber nicht so. Trotzdem ist es ein Gedicht, weil die Autorin mit wenigen Worten viel ausgedrückt hat.

Mache aus den Wortbausteinen ein eigenes Wintergedicht.
Jede Reihe bildet eine Zeile.
Wähle aus den verschiedenen Möglichkeiten jeweils einen Baustein aus. Füge aber kein Wort hinzu.
Ein Beispiel für die erste Zeile: Es trifft das Licht,

Schreibe dein Wintergedicht in deiner schönsten Schrift ins Heft oder auf ein Blatt.

Es Dort	trifft scheint	das Licht, die Sonne,	
auf	blauweiße schneeweiße winterweiße	Äste, Bäume, Zweige,	
auf das	bachdurchflossene unberührte abseits gelegene	Schneetuch, Schneefeld, Weiß,	
auf	kalten feuchten wallenden	Nebelschleier. Morgendunst. Morgennebel.	
Ich höre	Winterwinde Schneeflocken Eiskristalle	flüstern. wispern. raunen.	
Ich	atme fühle genieße	die eiskalte die winterliche die frostige	Luft.
Alles Die Welt Die Landschaft	ist ein gleicht einem sieht aus wie ein	Wintermärchen. Traum in Weiß.	
Ich	setze mich lege mich hocke mich	schweigend nachdenklich träumend	in den Schnee.

 ISBN 978-3-8346-0264-0

Kornspende

Die Vögel warten im Winter vor dem Fenster

Ich bin der Sperling.
Kinder, ich bin am Ende.
Und ich rief euch immer im vergangenen Jahr,
wenn der Rabe wieder im Salatbeet war.
Bitte um eine kleine Spende.

Ich bin der Buntspecht.
Kinder, ich bin am Ende.
Und ich hämmere die ganze Sommerzeit,
all das Ungeziefer schaffe ich beiseit.
Bitte um eine kleine Spende.

Ich bin die Amsel.
Kinder, ich bin am Ende.
Und ich war es, die den ganzen Sommer lang
früh im Dämmergrau in Nachbars Garten sang.
Bitte um eine kleine Spende.

(Bertolt Brecht)

Amsel, komm nach vorn.
Amsel, hier ist dein Korn.
Und besten Dank für die Arbeit!

Sperling, komm nach vorn.
Sperling, hier ist dein Korn.
Und besten Dank für die Arbeit!

Buntspecht, komm nach vorn.
Buntspecht, hier ist dein Wurm.
Und besten Dank für die Arbeit!

Kornspende (1/2)

Schneide die drei Strophen aus, und klebe sie zum Text passend in das Gedicht ein.

Dichte noch zwei Strophen dazu.

Ich bin die Meise.

Kinder, ich bin am Ende.

Und ich ______________________________

____

____

Meise, komm nach vorn.

____

____

Ich bin ______________________________

Kinder, ich bin am Ende.

Und ich ______________________________

____

____

_______________, komm nach vorn.

____

____

Die Bilder auf Seite 63 zeigen dir, wie du eine Futterglocke für Vögel herstellen kannst. Schneide sie aus, und klebe sie in der richtigen Reihenfolge auf. Beschreibe in deinem Heft, wie man eine Futterglocke baut. Vielleicht könnt ihr eine nachbauen.

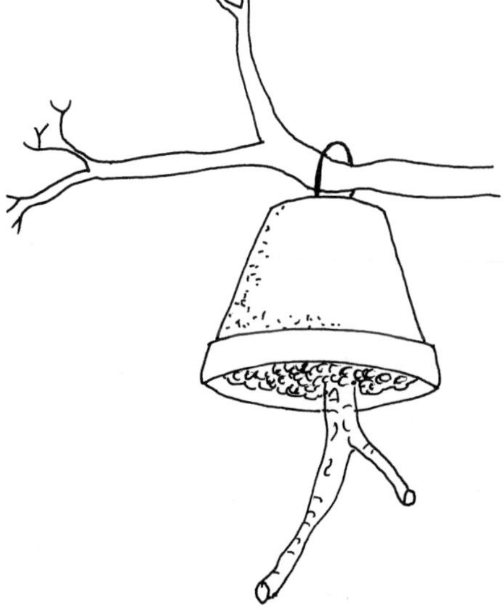

Tipp:
Diese Wörter könnten dir helfen: dann, danach, jetzt, zuletzt, nun, zunächst, zuerst, zum Schluss.

 ISBN 978-3-8346-0264-0

Kornspende (2/2)

Tipp:
Füttert die Vögel nur, wenn es längere Zeit kälter als –5° Grad ist. Achtet darauf, dass kein Salz oder Gewürze an den Lebensmitteln sind. Die Vögel werden sonst krank.

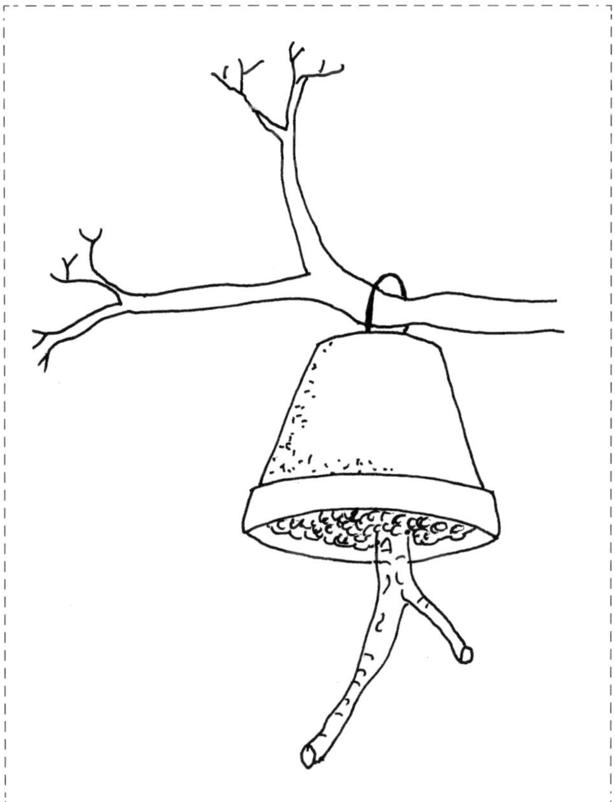

© Verlag an der Ruhr | Postfach 10 22 51 | 45422 Mülheim an der Ruhr | www.verlagruhr.de | ISBN 978-3-8346-0264-0

Schneeflockenchaos

Schneeflockenspass

Zwei Schneeflocken, sie müssen lachen
komm, lass uns mal nach Hamburg fliegen
da wolln wir richtig Chaos machen
und alle Autos bleiben liegen.

So rieseln aus dem grauen Himmel
zwei Flocken auf die Hansestadt
mit gelbem Licht und viel Gebimmel
die Reinigung nun Einsatz hat.

Die Autofahrer leise fluchen
was ist das für ein Wetter heut
ich muss ne U-Bahn mir wohl suchen
die Stadt hat nicht einmal gestreut.

Und auch die Schüler denken leise
ob heute Unterricht wohl ist
der Rektor meint ein wenig weise
das wäre doch der letzte Mist.

Nun fliegen sie noch Richtung Hafen
der Dampfer tutet ganz erschreckt
und weckt damit, die jetzt noch schlafen
er hat die Flocken auch entdeckt.

Im Rundfunk endet das Programm
man muss vor Katastrophen warnen
und so weiss bald ein jedermann
dies Wetter konnt man nicht erahnen*.

Doch die zwei Flocken leicht vergessen
dass es in Hamburg viel zu warm
und so sind sie dann unterdessen
zwei Regentropfen zum Erbarm*.

Und oben hört man schon die Flocken
komm lass uns mal nach Hamburg fliegen
nun macht euch endlich auf die Socken
mehr Spass könn Flocken ja nicht kriegen

(Heinz Bornemann)

Schneeflockenchaos

Male zu vier von den Strophen ein Bild in die Rahmen (S. 64).

Lies den Zeitungsbericht. Fülle die Lücken im Text mit passenden Wörtern auf.

❶ Schneekristalle – Schneeflocken
❷ Köln – Hamburg
❸ Reinigungsfahrzeuge – Schneeräumer
❹ Streugut – Streusalz
❺ Wintereinbruch – Schneefall
❻ U-Bahn – Straßenbahn
❼ die Schule – der Unterricht
❽ den Rundfunk – das Fernsehen
❾ Schneeflockenarmee – Schneeflockenflut

HAMBURGER TAGESBLATT

Hamburg. Am gestrigen Freitag richteten zwei Schneeflocken ein Chaos in der Stadt an. Der Verkehr wurde teilweise lahmgelegt.

Zwei ❶ ____________________ flogen gestern gegen 10 Uhr morgens in ❷ ____________________ ein, um ein Chaos in der Stadt zu verbreiten. ❸ ____________________ mussten ausrücken, um die Straßen von den Schneemassen zu befreien. Die Stadtreinigung konnte die Straßen nicht streuen, weil kein ❹ ________________ vorhanden war. Keiner hatte bei diesen Temperaturen mit solch einem starken ❺ ____________________ gerechnet. Einige Autofahrer ließen ihre Wagen stehen und liefen zu Fuß in Richtung ❻ ____________. In einigen Stadtteilen musste, zur großen Freude der Schüler, ❼ ________________ ausfallen. Die beunruhigte Bevölkerung wurde durch ❽ ____________________ vor einer Schneekatastrophe gewarnt. Obwohl die beiden ❶ ________________ schnell schmolzen, rechnet die Stadt in den nächsten Tagen mit dem Einflug einer ganzen ❾ ____________________.

Tolle Tage

Die Tiere machen Karneval

Die Tiere machen Karneval
zu Marburg an der Lahn.
Der **Hahn** trägt einen **Regenschirm**
und schreitet stolz voran.

Auf einem **Fahrrad** fährt der **Bär**,
in **Stiefeln** kommt der **Ackergaul**,
die **Gans** hält einen **Luftballon**,
die **Kuh** hat eine **Pfeif** im Maul.

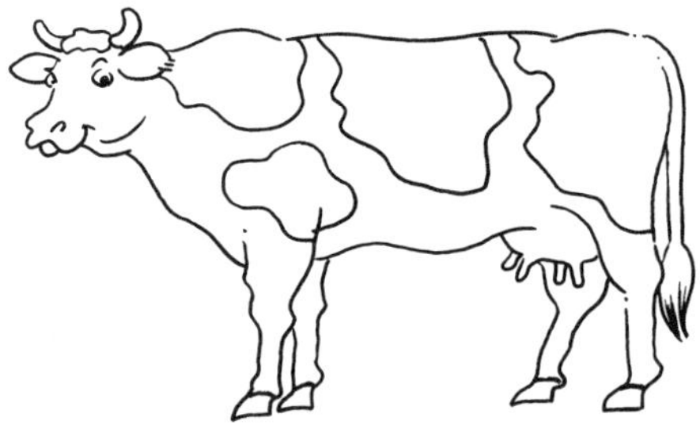

Der **Ziegenbock** schreit **Kikeriki**,
der **Dachs** schlägt **Purzelbaum**.
Der **Uhu** mit dem **Jägerhut**
spielt **Dudelsack**, man glaubt es kaum.

Und wenn sie auf dem Berge sind,
hoch oben vor dem Schloss,
dann singen sie, dann tanzen sie,
im **Takte** stampft das **Ross***.

(Josef Guggenmos)

Tolle Tage

T	G	E	S	P	A	G	L	E	N
E	G	N	L	E	H	E	X	E	X
U	E	F	L	T	E	S	F	E	R
F	H	E	X	A	L	P	I	E	O
E	N	G	E	L	Q	E	E	N	B
L	R	O	B	O	T	N	R	B	O
P	R	I	A	N	Z	S	S	I	T
G	E	S	L	P	E	T	S	R	E
H	E	X	I	T	E	U	F	I	R
E	N	G	E	A	L	I	E	G	M
P	R	I	N	Z	E	S	S	I	N
H	E	X	G	E	S	P	E	N	S

Male auf dem Gedichtblatt den Tieren ihre Verkleidungen dazu.

Schreibe ein neues Gedicht in dein Heft. Ersetze dazu die fettgedruckten Wörter durch andere Nomen. Am besten hört es sich an, wenn die neuen Wörter genauso viele Silben haben wie die alten.

Oben auf dem Schloss feiern die Kinder mit den Tieren Karneval. Kreise die Verkleidungen der Kinder in dem Buchstabenrätsel ein.

Die Kinder tanzen mit den Tieren auf dem Schloss. Schreibe eigene Strophen aus zwei Zeilen. Sie sollen sich reimen. Ein Reimwörterbuch kann dir helfen.

Die Hexe, die tanzt mit der Kuh
und verliert dabei den Schuh.

Frühlingserwartung

Sehnsucht nach dem Frühling

O wie ist es kalt geworden
und so traurig, öd' und leer!
Raue Winde wehn von Norden,
und die Sonne scheint nicht mehr.

Auf die Berge möcht' ich fliegen,
möchte sehn ein grünes Tal,
möcht' in Gras und Blumen liegen
und mich freun am Sonnenstrahl.

Möchte hören die Schalmeien*
und der Herden* Glockenklang,
möchte freuen mich im Freien
an der Vögel süßem Sang.

Schöner Frühling, komm doch wieder,
lieber Frühling, komm doch bald,
bring uns Blumen, Laub und Lieder,
schmücke wieder Feld und Wald.

(August Heinrich Hoffmann von Fallersleben)

© Verlag an der Ruhr | Postfach 10 22 51 | 45422 Mülheim an der Ruhr | www.verlagruhr.de | ISBN 978-3-8346-0264-0

Frühlingserwartung

Male ein passendes Hintergrundbild für das Gedicht in den Rahmen. Benutze dazu Buntstifte, und male auch über den Text. Trage die Farbe dort so dünn auf, dass man ihn noch gut erkennen kann.

Info:
Das Gedicht fängt mit einem „O" an. Mit so einem **Ausruf** kann der Dichter zeigen, dass ihm besonders wichtig ist, was er als nächstes sagt. Oft zeigt er damit auch seine Gefühle an. „O wie ist es kalt geworden" klingt ganz anders als „Ah wie ist es kalt geworden". Probiere es doch einmal aus, die Sätze laut zu sprechen.

Hier stehen einige Ausrufe. Versuche, passende Winter-Sätze dazu zu finden.

Oh, ______________________________

____

Ach, ______________________________________

Hui, ______________________________________

He, _______________________________________

Ah, _______________________________________

Komponiere mit einem Partner eine Gedicht-Musik.

Ihr braucht:

- Instrumente
- Dinge, mit denen ihr Geräusche erzeugen könnt
- Papier und Stifte

So geht's:

- Probiert aus, welche Klänge und Geräusche ihr erzeugen könnt.
- Komponiert zu jeder Strophe des Gedichts ein Mini-Stück.
- Denkt euch Zeichen aus, mit denen ihr eure Gedicht-Musik aufschreiben könnt.
- Übt eure Musik, bis ihr sie so spielen könnt, dass ihr zufrieden damit seid.

Führt eure Gedicht-Musik auf.
Hier sind verschiedene Ideen, wie ihr euren Vortrag gestalten könnt:

- Einer von euch spielt das Stück, einer trägt den Text vor.
- Spielt das Stück den anderen Kindern vor. Die anderen versuchen, den Gedichttext passend zu eurem Stück mitzusprechen. Das müsst ihr vielleicht ein bisschen üben.
- Spielt eure Musik zu den unterschiedlichen Strophen vor. Vertauscht dabei aber die Reihenfolge. Das Publikum muss raten, welche Strophe ihr gerade gespielt habt.

Winterunlust

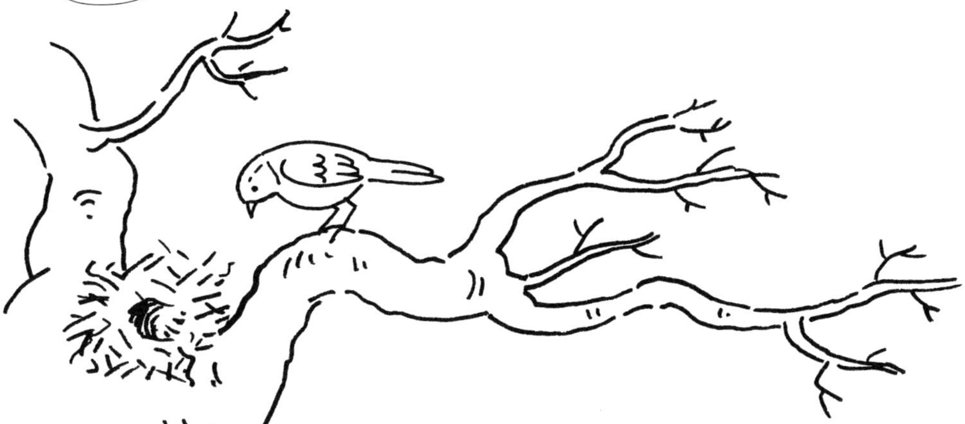

Warten auf den Frühling

Unlust am Winter.
Warst lange genug bei uns,
lös dich endlich auf!

Die alten Nester,
noch zu sehen im Geäst.
Nicht mehr bewohnbar.

Algengrün der Teich.
Im Anfang war das Wasser
mit neuem Leben.

Die Buschwindröschen
im Auge, ich bleib draußen.
Zu feucht der Boden.

In den Krokus fällt
ohne Rücksicht der Hagel.
Den Maulwurf stört's nicht.

Im Regen wartet
die leere Mülltonne auf
ihren alten Platz.

Fehlende Geduld.
Im Hof die alte Schaukel
muss geölt werden.

Schneeweiß die Knospen
am Zweig neben den Büchern.
Mein Arbeitszimmer.

Die blasse Sonne,
noch in Tücher gewickelt,
in nasse Tücher.

Ein kleiner Vogel
mit farbigem Gefieder
im kahlen Geäst.

Unter den Bäumen
blüht der hohle Lerchensporn.
Eine Entdeckung.

Schöner wird die Welt.
Wir sagen Ja zum Leben,
genießen den Tag.

(Friedrich Rohde)

Winterunlust

Lies den Info-Text. Prüfe die Haiku-Regeln bei einigen der Gedichte auf der Gedichtseite. Zähle die Silben in jeder Zeile, unterstreiche Begriffe aus der Natur.

Info:
- Jedes der vielen einzelnen Gedichte enthält drei Zeilen mit 5 Silben in der ersten Zeile, 7 Silben in der zweiten Zeile, 5 Silben in der dritten Zeile.
- Diese Form des Gedichts nennt man **Haiku**.
- Bei einem Haiku nimmt der Dichter ein Motiv aus der Natur und beschreibt ein Geschehen.
- Ein Haiku reimt sich nicht.

Streiche in jedem der Gedichte unten Wörter durch, sodass du Haikus mit 5 – 7 – 5 Silben erhältst. Achtung, die Sätze und Ausdrücke sollen noch einen Sinn ergeben.

Schmutziggrauer kleiner Teich,
welke Pflanzen im braunen Garten
warten auf meine Pflege.

Bleiches und kaltes Sonnenlicht.
Winzige, grüne Knospen strecken
sich ihm ganz entgegen.

Schreibe eigene Haikus.

So geht's.
- Schneide die Karten unten aus. Jede Karte bildet die 1. Zeile eines Haiku.
  Suche dir eine aus, die dir gut gefällt, und klebe sie auf ein Blatt.
- Schreibe die 2. und 3. Zeile dazu. Achte auf die Silbenzahl 7–5.
- Wiederhole den 1. und 2. Arbeitsschritt mit anderen Karten.
- Male zum Schluss einen passenden Rahmen um deine Haikus.

Die leeren Nester	Schmutziggrauer Schnee
Die bleiche Sonne	Ein bunter Vogel
Winzige Knospen	Die Krokuswiese
Ein Maulwurfshügel	Zu feuchter Boden
Wintervertreibung	Zwischen den Bäumen

 ISBN 978-3-8346-0264-0

Glossar

Seite	Wort im Gedicht	Bedeutung des Wortes
9	genesen	gesund werden
11	verdorrt	vertrocknen
	Weiher	kleines Gewässer
	Glast	altes Wort für Licht, Schein, Schimmer, Glanz
	Muhme	altes Wort für Tante
13	Lese	Ernte
15	Allee	Straße, an der rechts und links Bäumen in regelmäßigem Abstand stehen
19	Havelland	Landschaft bei Berlin
	Pantinen	Holzschuhe
	Beer	Birne
	Lütt Dirn	kleines Mädchen
	röwer	rüber
	lobesam	etwas oder jemand, der Lob verdient hat
	scheide … ab	sterben
	Büdner	ein ziemlich armer Bauer ohne eigenes Land
21	Requisiten	Gegenstände, die man für das Theaterstück benötigt
	Regisseur	Spielleiter
	Drehbuch	In dem Buch stehen die Dialoge für die Schauspieler, wo sie auf der Bühne stehen müssen, welche Geräusche oder Musik an welcher Stelle gebraucht werden.
22	verehrlichen	sehr geehrten
	heuer	dieses Jahr
24	bleich	blass
28	Legende	Geschichte über ein tatsächliches Ereignis, zu dem im Laufe der Zeit immer mehr dazugedichtet wurde. Die Geschichte soll die Zuhörer oder Leser belehren.
32	irgend	irgendwie
	Stahl	ein sehr hartes Metall
33	torkelnd	hin- und her schwanken, nicht sicher gehen
36	Tann	Wald, Tannenwald
	naht	näher kommen, kommen
39	mach daraus … kein Hehl	etwas nicht verheimlichen, etwas anderen zeigen oder sagen
	feixt	grinsen, vielleicht ein bisschen schadenfroh
40	Dialog	Gespräch
41	lichterheilig	ein erfundenes Wort, voll mit Lichtern in der Heiligen Nacht oder voll mit heiligem Licht
	wehrt	sich entgegenstellen, sich wehren

Glossar

Seite	Wort im Gedicht	Bedeutung des Wortes
50	kaschubisch	etwas, das aus dem Kaschubenland kommt (siehe unten)
	Kindchen	damit ist Jesus gemeint
	Kaschubenland	auch Kaschubei; Gegend in Polen, an der Ostsee
	Daunen	Gänsefedern ohne den harten Schaft in der Mitte; damit werden Kissen gefüllt
	nimmer	nie
	Gurt	Gürtel oder ein breiter Lederstreifen, der den Körper schützt
	Schmorfleisch	ein Braten, der mit wenig Flüssigkeit gegart wird
	Gerstengrütze	Brei aus grob gemahlenem Gerstengetreide
	Tunke	Soße
	Kuttelfleck	ein Fleischgericht
	Ingwer	eine scharfe Wurzel, die man als Gewürz benutzt
	trunkner Schädel bluten	Betrunkene, die sich blutig schlagen
51	Cluster	Das Wort Cluster kommt aus dem Englischen und bedeutet „Haufen, Gruppe". Zur Ideensammlung werden die Wörter, die dir einfallen, aufgeschrieben. Die Wörter, die zusammengehören, werden mit einer Linie verbunden.
55	halten … inne	anhalten; einen Augenblick lang unterbrechen, was man gerade tut, meistens, um nachzudenken
57	verdrießlich	schlecht gelaunt
59	durchmisst	durchmessen bedeutet durchqueren
	Gebälk	eine Konstruktion aus Balken, zum Beispiel ein Dachstuhl
	Eistracht	Eislast, Tracht kommt von tragen
	Sinfonie	Musikstück für ein ganzes Orchester
64	erahnen	im Voraus ahnen
	zum Erbarm	zum Erbarmen, dass sie einem leidtun können
66	Ross	Pferd
68	Schalmeien	Holzblasinstrument, ähnlich wie eine Föte
	Herden	eine Gruppe von Schafen, Kühen oder Ziegen

Lösungen

Herbstanfang, S. 10

Versuche, die Bedeutung der unterstrichenen Bildwörter in einem Satz zu erklären.

Leseratte: Maria liest viel.
Putzteufel: Mutter putzt ständig.
Tunichtgut: Peter tut nichts Gutes.
Geizhals: Lena ist geizig.

Septembergold, S. 12

Höre jetzt einmal genau auf die einzelnen ZeilenWo klingen sie schneller? Wo langsamer?

Die Zeilen klingen am Anfang schneller, am Ende langsamer.

Versuche, herauszufinden, woran das liegt. Kannst du ein Muster erkennen?

Hier ein Beispiel für die erste Zeile:

˘ _ ˘ ˘ _ ˘ ˘ _ ˘ _
September, er wills mit der ganzen Kraft,

Am Anfang der Zeile kommen mehr unbetonte Silben vor, dadurch klingt die Zeile dort schneller und ein bisschen hüpfend.

Welche Stellen im Gedicht gehören für dich mehr zum Sommer, welche mehr zum Herbst?

Mehr Sommer: am Mittag scheint die Sonne hell • er fühlt sich jung • goldene Farbe • Schlangen kriechen herum • der September treibt Scherze
Mehr Herbst: das Obst fällt von den Bäumen• das Gras verdorrt • die Flüsse und Seen werden kalt • es gibt Nebel und Pilze und es regnet • die Brombeeren sind reif

Reife Früchte, S. 14

Übersetze das Gedicht aus der Leet-Sprache in unsere Sprache.

Herbstbild
Dies ist ein Herbsttag, wie ich keinen sah!
Die Luft ist still, als atmete man kaum,
und dennoch fallen raschelnd, fern und nah,
die schönsten Früchte ab von jedem Baum.

O stört sie nicht, die Feier der Natur!
Dies ist die Lese, die sie selber hält;
denn heute löst sich von den Zweigen nur,
was von dem milden Strahl der Sonne fällt.

Lies diesen Text laut vor. Kannst du herausfinden, welche Sprache das ist?

In dieser Geheimsprache wurde nicht nach jedem Wort ein Abstand gelassen, sondern mitten in den Wörtern.

Luftpostbriefe, S. 16

Lies die beiden Gedichte von Georg Bydlinski. Vergleiche sie miteinander.

	Herbst	**Allee im Herbst**
In welcher Personalform ist das Gedicht geschrieben?	in der Ich-Form	In der Er-Form
Welches Gedicht ist schon näher am Winter? Warum?	Dieses Gedicht, hier sind die Bäume schon kahl.	Hier fallen die Blätter erst zu Boden.
Überprüfe die Reime in den Gedichten. Was fällt dir auf?	In diesem Gedicht reimen sich immer die ersten 2 Zeilen einer Strophe.	Dieses Gedicht hat keine Reime.

Luftpostbriefe, S. 17

Unterstreiche die Alliterationen in den Zungenbrechern.

1. Wir Wiener Wäscherinnen wollten weiße Wäsche waschen, wenn wir wüssten, wo warmes Wasser wäre.
2. Fischers Fritze fischt frische Fische.
3. Blaukraut bleibt Blaukraut, und Brautkleid bleibt Brautkleid.
4. Bürsten mit weißen Borsten bürsten besser, als Bürsten mit schwarzen Borsten bürsten.
5. Am zehnten zehnten zehn Uhr zehn zogen zehn zahme Ziegen zehn Zentner Zucker zum Zoo.

Verkehrter Oktober, S. 24/25

In das Gedicht sind falsche Wörter hineingeraten. Setze in die Lücken im Text die richtigen Gedichtwörter ein.

kommt; fragen; Luft; Berge;
kleinen; gehen; Aufs;
Haus; der Regen

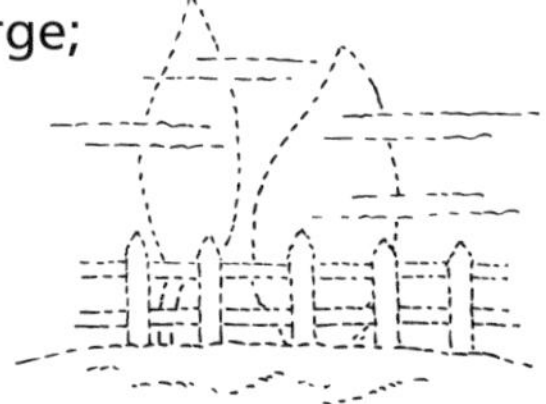

Rübengeist, S. 28

Beantworte die Fragen zum Text.

1. Seine Seele.
2. Er lockte ihn auf einen Baum und ritzte ein Kreuz in den Stamm.
3. Eine ausgehöhlte Rübe mit einem glühenden Stück Kohle.
4. Als Licht für seine ewige Wanderung.

Lösungen

Rübengeist, S. 29

Wenn du die Gedicht-Seite und die Jack O'Lantern-Seite *gut gelesen hast, kannst du dieses Halloween-Kreuzworträtsel sicher lösen.*

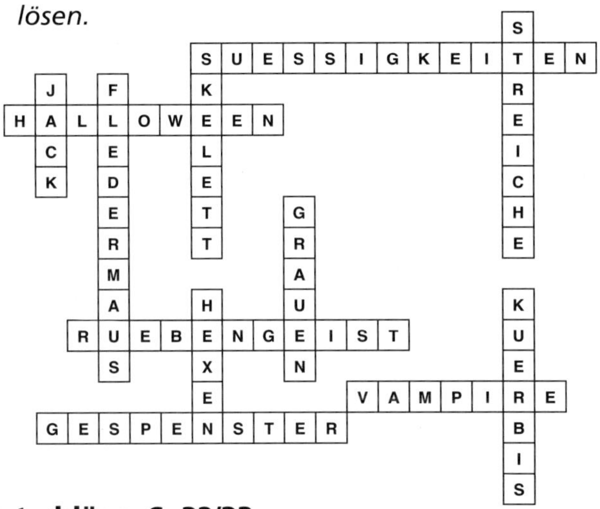

Ratschläge, S. 32/33

Sortiere die fehlenden Zeilen richtig ein.

1. Strophe: auch bei Regen durch die Straßen gehn.
2. Strophe: und die Straßen werden trostlos sein.
3. Strophe: Und die Bäume werden alt und kahl.
4. Strophe: Und die Pfützen haben fast Gesichter.
5. Strophe: Und der Herbst rennt torkelnd gegen Bäume.
6. Strophe: Geben Sie ja auf die Autos acht.

Weihnachtsostern, S. 35

In dem Text sind zwei Geschichten durcheinandergeraten: Vorweihnachten heute *(8 Sätze) und* Vorweihnachten früher *(7 Sätze). Schreibe die Geschichten getrennt in dein Heft.*

Vorweihnachten heute
Heute ist der 23. September, Herbstanfang. Gestern hatte Tobias im Supermarkt die ersten Weihnachtsmänner und Marzipanbrote gesehen. Tobias seufzt, weil es noch so viele Wochen bis Weihnachten dauert. Bald wird Tobias in jedem Kaufhaus von Weihnachtsliedern „berieselt". Wie jedes Jahr wird seine Familie vor Weihnachten im Stress sein. Tobias weiß jetzt schon, dass er am Weihnachtsfest die Weihnachtslieder und das Marzipan nicht mehr mögen wird. Bald nach Weihnachten stehen schon die Osterhasen in den Supermarkt-Regalen. Tobias fragt sich, ob wohl irgendwann Weihnachten und Ostern auf einen Tag fallen.

Vorweihnachten früher
Heute ist der 1. Advent, Beginn der Vorweihnachtszeit. Gerda freut sich auf die Zeit vor Weihnachten. Gerdas Familie backt gemeinsam Plätzchen. Abends liest Vater bei Kerzenschein Weihnachtsgeschichten vor – jeden Tag eine. Es riecht nach Bratäpfeln aus der Bratröhre des gusseisernen Küchenherds. Gerdas Familie bastelt Geschenke für die große Verwandtschaft. Wie freut sich Gerda auf den Weihnachtsabend.

Hoher Besuch, S. 38

Der Nikolaus hat ein Avenidas-Gedicht eingepackt. Schneide die Teile aus. Setze sie zusammen, und klebe sie auf ein Blatt Papier. Lies das Gedicht.

Nikolaus
Nikolaus und Schlitten
Schlitten und Schnee
Nikolaus
Nikolaus und Schnee
Nikolaus und Schlitten und Schnee
Viele Geschenke

Das Avenidas-Gedicht ist nach einem ganz bestimmten Bauplan geschrieben. Du kannst ihn herausfinden, wenn du jedes gleiche Wort aus dem Puzzle-Gedicht durch den immer gleichen Buchstaben aus dem ABC ersetzt.

A
A und B
B und C
A
A und C
A und B und C und
E F

Frost Winter, S. 43/44

Bei dem Gedicht stehen die Reime mitten in der Zeile, nicht am Ende. Schreibe den Text richtig als Gedicht ins Heft.

Der Winter
Die Pelzkappe voll mit schneeigen Tupfen,
behäng' ich die Bäume mit hellem Kristall.
Ich bring die Weihnacht und bringe den Schnupfen,
Silvester und Halsweh und Karneval.
Ich komme mit Schlitten aus Nord und Nord-Ost.
– Gestatten Sie: Winter: Mit Vornamen: Frost.

Lösungen

Zwitschernder Stein, S. 48/49

Schreibe das Gedicht mit Hilfe des Zeichen-Wörterbuchs in dein Heft.

Wenn es Winter wird
Der See hat eine Haut bekommen,
sodass man fast drauf gehen kann,
und kommt ein großer Fisch geschwommen,
so stößt er mit der Nase an.

Und nimmst du einen Kieselstein
und wirfst ihn drauf, so macht es klirr
und titscher – titscher – titscher – dirr ...
Heißa, du lustiger Kieselstein!

Er zwitschert wie ein
und tut als wie ein Vögelein fliegen –
doch endlich bleibt mein Kieselstein
ganz weit, ganz weit auf dem See draußen
liegen.

Da kommen die Fische haufenweis
und schaun durch das klare Fenster von Eis
und denken, der Stein wär etwas zum Essen;
doch sosehr sie die Nasen ans Eis auch pressen,
das Eis ist zu dick, das Eis ist zu alt,
sie machen sich nur die Nasen kalt.

Aber bald, aber bald
werden wir selbst auf eignen Sohlen
hinausgehn können und den Stein wiederholen.

Brückenrätsel, S. 52

Setze ein Brückenwort ein, das mit dem linken Wort und auch mit dem rechten Wort einen Sinn ergibt.

EIER		K	U	C	H	E	N			FORM
GÄNSE		F	L	E	I	S	C	H		WURST
HIMMELS				W	E	G				WEISER
BÄNDER	S	C	H	L	E	I	F	E	N	SCHUHE
SCHMOR		F	L	E	I	S	C	H		GERICHT
SCHAFFELL			M	Ü	T	Z	E	N		SCHIRM

Weihnachtsbild, S. 54/55

Überlege dir, wo man bei uns heute Engel entdecken kann. Das können auch Leute sein, die sich wie Engel verhalten.

Engel findest du: auf Geschenkpapier, Geschenkkartons, Weihnachtskarten, auf Gemälden, als Figuren in Kirchen, in Krippen, als Geschenkartikel, in TV-Werbespots, als Bastelanleitungen, in Gedichten, in Geschichten, in Spielfilmen, in Liedern, in Redewendungen (z.B. Die tut immer wie ein Engel; Danke für deine Hilfe, du bist ein Engel). Ein Engel kann aber auch jemand sein, der etwas ganz besonders Nettes oder Gutes für dich tut, der jemandem hilft oder ihn rettet.

Finde heraus, welche Sätze zum Inhalt des Gedichts passen, und kreuze sie an.

- [x] Was die Engel auf der Erde sehen, erschreckt sie.
- [x] Die Engel wollen mit den Menschen nichts mehr zu tun haben.
- [ ] Die Engel versuchen sofort, die Streitereien zu schlichten.
- [x] Die Menschen wollen die Botschaften der Engel nicht mehr hören.
- [ ] Die Menschen glauben noch an Wunder.
- [x] Die Menschen streiten viel und mögen sich zu wenig.
- [x] Die Menschen reden viel, aber oft ist es hohles Gerede.
- [x] Die Engel sind sprachlos über das Geschehen auf der Erde.
- [ ] Die Engel lachen die Menschen aus.

Kornspende, S. 61/62

Schneide die drei Strophen aus, und klebe sie zum Text passend in das Gedicht ein.

In dieser Reihenfolge müssen die Strophen eingesetzt werden:

1. Sperling, komm nach vorn.
Sperling, hier ist dein Korn.
Und besten Dank für die Arbeit!

2. Buntspecht, komm nach vorn.
Buntspecht, hier ist dein Wurm.
Und besten Dank für die Arbeit!

3. Amsel, komm nach vorn.
Amsel, hier ist dein Korn.
Und besten Dank für die Arbeit

Tolle Tage, S. 67

T						G			
E					H	E	X	E	
U						S			R
F						P			O
E	N	G	E	L		E			B
L						N			O
			A			S			T
			L			T			E
			I						R
			E						
P	R	I	N	Z	E	S	S	I	N

Quellen

Quellen:

- *Bergengruen, Werner:* **Kaschubisches Weihnachtslied.** Theodor Echtermeyer: Deutsche Gedichte von den Anfängen bis zur Gegenwart. Neugestaltung von Benno von Wiese. August Bagel Verlag, Düsseldorf,1965.
- *Borchers, Elisabeth:* **Oktober.** In: Elisabeth Borchers: Und oben schwimmt die Sonne davon. Heinrich Ellermann Verlag, München, 1965.
- *Bornemann, Heinz:* **Schneeflockenspass/September/ Vorweihnachtszeit?/Weihnachtsgebäck.** Online unter: www.heinzbornemann.de.nr/ – Letzter Zugriff am 18.06.07.
- *Brecht, Bertold:* **Die Vögel warten im Winter vor dem Fenster.** In: Grundschule 10/1991, Westermann Verlag, Braunschweig.
- *Britting, Georg:* **September.** In: Theodor Echtermeyer: Deutsche Gedichte von den Anfängen bis zur Gegenwart. Neugestaltung von Benno von Wiese. August Bagel Verlag, Düsseldorf, 1965.
- *Bydlinski, Georg:* **Allee im Herbst.** In: Georg Bydlinksi: Wasserhahn und Wasserhenne. Gedichte und Sprachspielereien. Dachs Verlag, Wien, 2002.
- *Bydlinski, Georg:* **Herbst.** In: Georg Bydlinksi (Hrsg.) Der Wünschelbaum. 151 Gedichte für Familie, Schule und Kindergarten. Herder Verlag, Wien u.a., 1984.
- *Fallersleben, Heinrich Hoffmann von:* **Sehnsucht nach dem Frühling.** In: Johannes Thiele (Hrsg.): Lirum Larum Löffelstiel. Neue und alte Kinderreime. Marix Verlag, Wiesbaden, 2005.
- *Fontane, Theodor:* **Herr von Ribbeck.** In: Theodor Fontane: Sämtliche Werke, hrsg. von Walter Keitel, Bd. 6. Carl Hanser Verlag, München, 1964.
- *Guggenmos, Josef:* **Die Tiere machen Karneval.** In: Johannes Thiele (Hrsg.): Lirum Larum Löffelstiel. Neue und alte Kinderreime. Marix Verlag, Wiesbaden, 2005.
- *Hebbel, Friedrich:* **Herbstbild.** In: Siegfried Buck (Hrsg): Bausteine Deutsch. Lesebuch Klasse 4. Diesterweg Verlag, Frankfurt/M., 1985.
- *Hewener, Vera:* **Der Winter.** In: Vera Hewener: Verwirbelungen der Zeit. Gedichte. WiKu Verlag, Berlin/Paris, 2005.
- *Hewener, Vera:* **Wintermärchen.** In: Vera Hewener: Lichtflut. Reisenotizen; Lyrik und Prosa. BoD Norderstedt, Püttlingen-Köllerbach, 2001.
- *Kästner, Erich:* **Nasser November.** In: Erich Kästner: Dr. Erich Kästners lyrische Hausapotheke. 14. Aufl. Deutscher Taschenbuchverlag, München, 1999.
- *Kaléko, Mascha:* **Der Winter.** In: Mascha Kaléko: Wie's auf dem Mond zugeht und andere Verse. Jan Thorbecke Verlag, Sigmaringen, 1982.
- *Krüss, James:* **Ein Jahr ist zu Ende.** In: Johannes Thiele (Hrsg.): Lirum Larum Löffelstiel. Neue und alte Kinderreime. Marix Verlag, Wiesbaden, 2005.
- *Krüss, James:* **Nikolaus-ABC.** In: Sabine Lehmkuhl (Hrsg.): Das große Ravensburger Buch zur Advents- und Weihnachtszeit. Ravensburger Buchverlag, Ravensburg, 2001.
- *Morgenstern, Christian:* **Wenn es Winter wird.** In: Rita Harenski (Hrsg.): Zauberworte. Die schönsten Gedichte für Kinder aus vier Jahrhunderten. Arena Verlag, Würzburg, 2004.
- *Pankok, Otto:* **Weinende Engel.** Lithographie 1935. © Otto-Pankok-Museum, Hünxe/Eva Pankok.
- *Rilke, Rainer Maria:* **Advent.** In: Rita Harenski (Hrsg.): Zauberworte. Die schönsten Gedichte für Kinder aus vier Jahrhunderten. Arena Verlag, Würzburg, 2004.
- *Rohde, Friedrich:* **Weinende Engel.** In: Meinhard Pohl (Red.): Heimatkalender des Kreises Wesel. Boss Verlag, Wesel, 1989.
- *Rohde, Friedrich:* **Warten auf den Frühling.** In: Heinz Bosch u.a. (Red.): Geldrischer Heimatkalender. Geldern 1999.
- *Storm, Theodor:* **Inserat.** In: Johannes Thiele (Hrsg.): Lirum Larum Löffelstiel. Neue und alte Kinderreime. Marix Verlag, Wiesbaden, 2005.
- *Unbekannter Verfasser:* **Halloween-Nacht.** Online unter www.Charmingwitch.de – Letzter Zugriff am 18.06.07.
- *Wölfel, Ursula:* **Nebelspruch.** In: Wunder Welt 2. Pädagogischer Verlag Schwann, Düsseldorf, 1968.

Hinweis: Wir haben uns bemüht, alle Rechteinhaber ausfindig zu machen. Sollten trotz unserer intensiven Bemühungen Rechteinhaber nicht ermittelt worden sein, so bitten wir diese, sich mit entsprechenden Nachweisen an den Verlag zu wenden.

Materialliste:

Luftpostbriefe, S. 17:
Werbeprospekte, Zeitschriften, Illustrierte

Birnengeschenk, S. 20/21:
Schmuckblätter, z.B. Tonpapier; evtl. Kostüme; Birnen etc. als Requisiten

Verkehrter Oktober, S. 25:
Streifen festen Papiers, 5 x 30 cm; Faden, Perlen oder Bonbons

Nebelwelt, S. 31:
Instrumente und Geräuscherzeuger, evtl. weißen oder Chiffon-Stoff

Starker Teig, S. 40:
Materialien für Kostüme, z.B. festen Zeichenkarton, Schnur, Farbe, evtl. Stoff

Wintermusik, S. 46:
eine Aufnahme der *Vier Jahreszeiten* von Antonio Vivaldi auf CD oder Kassette

Jahreswechsel, S. 58:
Tacker oder Locher, Schnur zum Zusammenbinden

Kornspende, S. 62/63:
kleine Blumentöpfe aus Ton; feste, unbehandelte Schnur, z.B. aus Jute; stabiler Zweig oder Ast; Mischung aus unbehandelten Körnern, Samen, Nüssen und Getreideflocken; Rindertalg zu gleichen Gewichtsanteilen wie die Körnermischung

Frühlingserwartung, S. 68:
Instrumente und Geräuscherzeuger

Literatur- und Internettipps

Literatur

Andresen, Ute:
Versteh mich nicht so schnell.
Gedichte lesen mit Kindern.
Beltz Verlag, 3. Aufl. 2004.
ISBN 978-3-407-22036-3

Brandenburg, Birgit:
Kinder verstehen Gedichte.
Frühlings- und Sommergedichte.
Kl. 2–4. Verlag an der Ruhr, 2007.
ISBN 978-3-8346-0265-7

Briefpapier
Weihnachtsbriefpapier
Best.-Nr. 60217
Winterbriefpapier
Best.-Nr. 60218
Für alle Altersstufen, jew. A4, Set mit 50 Blatt, 4-farbig. Verlag an der Ruhr, 2006.

Burtschell, Annette; Schüppel, Katrin:
Hexen, Herbst und Halloween.
Eine Werkstatt.
Kl. 1–4. Verlag an der Ruhr, 2005.
ISBN 978-3-8346-0053-0

Gegier, Birgit; Schäfer MarEl:
Englisch fächerübergreifend – Wake up, little Hedgehog! Ein Projekt zum Thema Igel.
Kl. 3–4. Verlag an der Ruhr, 2006.
ISBN 978-3-8346-0205-3

Grabe, Astrid; Mucha, Andrea:
Von Schulanfang bis Abschiedsfeier.
Schöne Theaterstücke mit wenig Aufwand.
Kl. 1– 4. Verlag an der Ruhr, 2007.
ISBN 978-3-8346-0248-0

Kaltefleiter, Paul; Mingers, Oliver; Omnibooks Text und Redaktion:
Das Reimlexikon für Kinder.
Klasse 2– 4. Verlag an der Ruhr, 2005.
ISBN 978-3-86072-944-1

Molls, Sandra:
Literatur-Kartei: „Hinter verzauberten Fenstern".
Eine Advents-Kartei.
Klasse 3– 4. Verlag an der Ruhr, 2005.
ISBN 978-3-8346-0000-4

Rösgen, Anja; Willmeroth, Sabine:
Die Winter-Werkstatt.
Kl. 2–4. Verlag an der Ruhr, 1999.
ISBN 978-3-86072-440-8

Gedichtsammlungen

Fried, Amelie (Hrsg.):
Ich liebe dich wie Apfelmus.
Die schönsten Gedichte für Kleine und Große.
cbj Kinder und Jugendbücher, 2006.
ISBN 978-3-570-13142-8

Gelberg, Hans-Joachim (Hrsg.):
Großer Ozean. Gedichte für alle.
Ab 6 J. Beltz & Gelberg Verlag, 2004.
ISBN 978-3-407-74018-2

Mai, Manfred (Hrsg.):
Es hüpft in meinem Kopf herum.
Gedichte für Kinder. Geschrieben und gesammelt von Manfred Mai.
dtv, Reihe Hanser, 2007.
ISBN 978-3-423-62313-1

Remmers, Ursula; Warmbold, Ursula (Hrsg.):
Das Kanapee ist unser Kahn.
Gedichte für Kinder. Ab. 6 J., Reclam Verlag, 2006.
ISBN 978-3-15-010614-3

Internet

www.gedichte-fuer-alle-faelle.de/jahreszeitengedichte/index.php
Nach Rubriken geordnete Gedichte in großer Auswahl, meist „Klassiker".

www.die-lyrik.de/lexikon.htm
Kleines Lexikon poetischer Fachbegriffe – für Sie, nicht für die Kinder.

http://lyrikline.org
Gedichte deutscher und internationaler Autoren – vom Autor in Originalsprache vorgelesen, mit abgedruckter Übersetzung.

Die in diesem Werk angegebenen Internetadressen haben wir geprüft (Stand September 2008). Da sich Internetadressen und deren Inhalte schnell verändern können, ist nicht auszuschließen, dass unter einer Adresse inzwischen ein ganz anderer Inhalt angeboten wird. Wir können daher für die angegebenen Internetseiten keine Verantwortung übernehmen.

Verlag an der Ruhr

Postfach 10 22 51,
45422 Mülheim an der Ruhr

Alexanderstraße 54,
45472 Mülheim an der Ruhr

Bitte richten Sie Ihre Bestellung an:

Telefon 05 21/97 19 330
Fax 05 21/97 19 137

bestellung@cvk.de

Es gelten die aktuellen Preise auf unserer Internetseite.

30 Mutmach-Geschichten
5–10 J., 99 S., 16 x 23 cm, Pb.
ISBN 978-3-8346-0485-9
Best.-Nr. 60485
12,80 € (D)/13,15 € (A)/23,– CHF

30 Streitgeschichten
5–10 J., 98 S., 16 x 23 cm, Pb.
ISBN 978-3-8346-0421-7
Best.-Nr. 60421
12,80 € (D)/13,15 € (A)/23,– CHF

30 Geschichten für Geburtstagskinder
5–10 J., 98 S., 16 x 23 cm, Pb.
ISBN 978-3-846-0369-2
Best.-Nr. 60369
12,80 € (D)/13,15 € (A)/23,– CHF

111 Ideen für das 1. Schuljahr
Vom ersten Schultag bis zum letzten Buchstabenfest
Kl. 1, 213 S., 16 x 23 cm, Pb.
ISBN 978-3-8346-0363-0
Best.-Nr. 60363
19,50 € (D)/20,– € (A)/34,20 CHF

155 Rituale und Phasenübergänge
für einen strukturierten Grundschulalltag
Kl. 1–3, 217 S., 16 x 23 cm, Pb.
ISBN 978-3-8346-0480-4
Best.-Nr. 60480
19,– € (D)/19,50 € (A)/33,30 CHF

Kinder motivieren in 3 Minuten
120 Übungen für alle Unterrichtssituationen
6–12 J., 184 S., 16 x 23 cm, Pb.
ISBN 978-3-8346-0418-7
Best.-Nr. 60418
17,80 € (D)/18,30 € (A)/31,20 CHF

Vom Morgenkreis zum Abschiedslied
Themen- und Methodenübergänge ohne Chaos
5–10 J., 119 S., 16 x 23 cm, Pb.
ISBN 978-3-86072-968-7
Best.-Nr. 2968
15,80 € (D)/16,25 € (A)/27,60 CHF

Besser lernen durch Bewegung
Spiele und Übungen fürs Gehirntraining
6–12 J., 208 S., 16 x 23 cm, Pb.
ISBN 978-3-8346-0417-0
Best.-Nr. 60417
18,50 € (D)/19,– € (A)/32,40 CHF

Deutsch mit dem ganzen Körper
60 Bewegungsspiele für alle Bereiche des Deutschunterrichts
Kl. 1–4, 98 S., 16 x 23 cm, Pb.
ISBN 978-3-8346-0481-1
Best.-Nr. 60481
12,80 € (D)/13,15 € (A)/23,– CHF

Mathe mit dem ganzen Körper
50 Bewegungsspiele zum Üben und Festigen
Kl. 1–4, 83 S., 16 x 23 cm, Pb.
ISBN 978-3-8346-0315-9
Best.-Nr. 60315
11,80 € (D)/12,15 € (A)/21,30 CHF

Bewegungsspiele in Englisch – 1. Lernjahr
Kl. 1–6, 102 S., 16 x 23 cm, Pb.
ISBN 978-3-86072-896-3
Best.-Nr. 2896
13,80 € (D)/14,20 € (A)/24,70 CHF

Keiner darf zurückbleiben!

Informationen und Beispielseiten unter
www.verlagruhr.de

Verl
an der Ru

Mit Fingern und Fäden
Einfache Textiltechniken – Schritt für Schritt
6–10 J., 72 S., A4, Papph. (mit vierf. Abb.)
ISBN 978-3-8346-0375-3
Best.-Nr. 60375
19,50 € (D)/20,– € (A)/34,20 CHF

Bildbetrachtung – aktiv
90 Ideen für Grundschulkinder
6–10 J., 112 S., A4, Pb., vierfarbig
ISBN 978-3-8346-0299-2
Best.-Nr. 60299
19,50 € (D)/20,– € (A)/34,20 CHF

Schule innen schöner machen!
Kunstprojekte für Kinder
6–12 J., 112 S., A4, Pb., vierfarbig
ISBN 978-3-8346-0494-1
Best.-Nr. 60494
21,– € (D)/21,60 € (A)/36,80 CHF

Schule außen schöner machen!
Kunstprojekte für Kinder
6–12 J., 113 S., A4, Pb., vierfarbig
ISBN 978-3-8346-0495-8
Best.-Nr. 60495
21,– € (D)/21,60 € (A)/36,80 CHF

Wir fangen an zu lesen!
Individualisierte Materialien für den Erstleseunterricht
Kl. 1–2, 73 S., A4, Papph.
ISBN 978-3-8346-0426-2
Best.-Nr. 60426
19,50 € (D)/20,– € (A)/34,20 CHF

Das große Wortarten-Poster
mit Kopiervorlagen
Kl. 2–4, A0 Poster inkl. 16 S. Begleitheft A4, in einer Aufbewahrungstasche
ISBN 978-3-8346-0368-5
Best.-Nr. 60368
13,50 € (D)/13,90 € (A)/24,30 CHF

Bio-Äpfel aus Peru?
Konsum- und Umwelterziehung mit Grundschulkindern
Kl. 3–4, 64 S., A4, Papph.
ISBN 978-3-8346-0490-3
Best.-Nr. 60490
19,– € (D)/19,50 € (A)/33,30 CHF

Natur-Entdeckungen direkt vor der Schultür
Arbeitsblätter, Experimente, Beobachtungsaufgaben und Lehrerinfo
Kl. 3–4, 103 S., A4, Pb.
ISBN 978-3-8346-0489-7
Best.-Nr. 60489
19,80 € (D)/20,35 € (A)/34,70 CHF

Kinder lernen Tiere aus Feld und Wiese kennen
Ein Arbeitsbuch mit Steckbriefen, Sachgeschichten, Rätseln, Spielen und Bildkarten
4–8 J., 169 S., A4, Pb. (mit vierf. Abb.)
ISBN 978-3-8346-0359-3
Best.-Nr. 60359
19,80 € (D)/20,35 € (A)/34,70 CHF

Kinder lernen Waldtiere kennen
Ein Arbeitsbuch mit Steckbriefen, Sachgeschichten, Rätseln, Spielen und Bildkarten
4–8 J., 167 S., A4, Pb. (mit vierf. Abb.)
ISBN 978-3-8346-0244-2
Best.-Nr. 60244
19,80 € (D)/20,35 € (A)/34,70 CHF

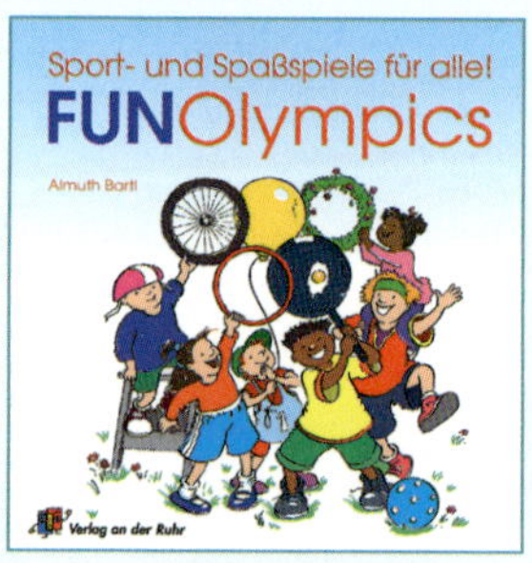

Fun-Olympics
Sport- und Spaßspiele für alle!
Für alle Altersstufen, 96 S., 21 x 22 cm, Pb, vierfarbig
ISBN 978-3-8346-0411-8
Best.-Nr. 60411
16,50 € (D)/17,– € (A)/28,90 CHF

100 Zirkusspiele und -improvisationen für Kinder
4–12 J., 136 S., 16 x 23 cm, Pb.
ISBN 978-3-8346-0437-8
Best.-Nr. 60437
15,80 € (D)/16,25 € (A)/27,60 CHF

Keiner darf zurückbleiben!

Informationen und Beispielseiten ur
www.verlagruh